JN061549

大学における オンデマンド授業の実践

授業準備から
資料作成、成績評価まで

著・串山寿／三浦洋子

目次

II．授業運営編

はじめに

　新型コロナウイルス感染症が拡大して、社会ではあらゆる部門で、好むと好まざるに関わらず、デジタル化が必須となり、リモートワークに代表されるITの需要が爆発的に増加している。しかし、日本におけるデジタル化は諸外国に比べると非常に劣っているといわれている。スイスのビジネススクールIMD[1]が2021年に発表した「デジタル競争力ランキング」[2]で、日本のデジタル競争力がどの程度のレベルか見てみよう。

　「デジタル競争力ランキング」とは、デジタル競争力に関する国際指標であり、国によるデジタル技術の開発・活用を通じ、政策、ビジネスモデルおよび社会全般の変革をもたらす程度を分析し、点数とランクを付けている。その中で、日本は総合的には64カ国中28位と過去最低順位を更新しており、特に、日本の評価が低かった項目は次の通りである。

・デジタル・テクノロジースキル：64カ国中62位

　日本人のデジタルとテクノロジーのスキル不足の原因は、高校までの教育課程でデジタルやテクノロジーについて学ぶ機会が欧米の先進国に比べ少なく、小さいうちからデジタルツールに触れる機会が少ない。また、社会に出てからデジタル・テクノロジーの分野で活躍できる場が少ない。

・ビッグデータ・アナリティクスの活用：64カ国中63位

　日本は世界第3位の経済大国であり、ビッグデータを活用できるだけの「データの素」も揃っている。さらにスーパーコンピュータ「富岳」を有しているほどの技術立国であるにも関わらず、データ活用の体制が整っていない。

・国際経験：64カ国中64位

　デジタルおよびインターネットの世界では、地域格差が現実の世界より

1　International Institute for Management Development
2　日淺光博「日本のDXがどれだけパッとしないか知ってますか　競争力64カ国中28位、特に冴えないワースト5項目」(https://toyokeizai.net/articles/-/584564?page=2)

も低いにもかかわらず、日本人は国際経験に乏しく、英語を話せる人材が少ない。

・企業の俊敏性：64 カ国中 64 位

　デジタルリテラシーが低くデジタル化を進められない古い体質の企業が多い。

　OECD データに基づく 2020 年の日本の時間当たり労働生産性は 49.5 ドル（5,086 円）で「日本の時間当たりの労働生産性は OECD 加盟 38 カ国中 23 位」、縦割りや人材不足によるデジタル化の遅れが指摘されている。

　こうした調査結果を踏まえて、日本政府は、2021 年 9 月にデジタル庁を発足させ、さらに、政府の 2022 年度のデジタル関連予算は、総額 1 兆 2798 億 5500 万円と、当初予算としては過去最大規模に達したことが分かった。ここには、IT 導入補助金やデジタル人材育成、地方創生交付金などのデジタル化に対しての支援が盛り込まれている。

　さて、IMD でアジア諸国のランキングを見ると、中国（15 位）、韓国（12 位）、台湾（8 位）となっていて、日本のデジタル化の比ではないことがわかる。三浦は 1999 年から 2000 年代、韓国の研究機関に留学していたため、韓国のデジタル化のスピーディな進展状況を目の当たりにしていた。

　1998 年、韓国経済はアジア通貨危機で銀行や財閥系企業の破綻など、国家破綻の危機に瀕していた。そこで、1998 年に就任した金大中大統領は、IMF から緊急融資を受け、国の生き残りをかけて、国家戦略としての情報通信技術の導入を図った。これは「デジタル・ニューディール政策」といわれ、行政文書のデータベース化を実行した。この政策は次の盧武鉉政権にも引き継がれ、政府の強いイニシアティブのもと、行政システムの統合や法整備が進められた。その司令塔が、日本の総務省にあたる「行政安全部」とその傘下にある「韓国情報化振興院」である。振興院の職員はおよそ 700 人、その 9 割は博士号をもつ専門家集団で、情報システムの設計や運営、管理、IT 政策の策定などを一元的に担っていた。「近代化は遅れたが、情報化は先端を行こう」というスローガンは、経済低迷で大量に

失業者が発生していた社会に、「IT 産業」で世界最先端になるという新たな目標と希望をもたらした。IT 産業の振興を経済再生の中核政策に位置づけたのである。このことが矢継ぎ早に情報化政策を推進する原動力となった。

1999 年には情報化を通じて国家競争力を高めるためのマスタープランとして、「サイバーコリア 21（CYBER KOREA 21）」計画を策定した。情報インフラ整備、ベンチャー企業の育成、国民の情報マインドや情報リテラシーの向上などを目標として掲げた。ブロードバンドの普及により、企業や公的機関、学校や家庭でパソコンによるインターネット利用は拡大した。子どものいる低所得層家庭には、パソコンやインターネット回線を利用するための補助金を支給した。

1999 年時点で、インターネット利用者はすでに 1 千万人を突破していた。さらに利活用を進めるため「国民情報化教育総合計画」を樹立し、2002 年までに 2500 万人の国民を対象に情報化教育を推進する目標を掲げた。

金大中政権は IT 化や情報産業の育成を、経済危機克服や雇用問題を解決するための最も重要な「戦略産業」と位置づけた。この時期に公的機関のデジタル化を担ったのは、通貨危機を発端に韓国経済がどん底状態に陥ったことで行き場をなくした若年未就業者、そして倒産やリストラの憂き目にあった失業者だった。多くの人員が、官公庁などに一時的に雇用され、住民票などのパソコン入力、国会図書館の所蔵資料や論文などをスキャンしてはデジタル化する作業に従事した。大量の行政書類などが比較的短期間にデジタルデータに変換され、データベース化が進んだ背景には、行政コストの削減だけでなく、社会のデジタル化が失業対策や新たな雇用創出のために必須であるという切迫した状況もあったのである。

2001 年の新年の辞で、金大中大統領は「2003 年までに電子政府を実現する」と述べ、国政課題として本格的に取り組む姿勢をみせた。電子政府を推進することで、行政の業務効率化を図り行政改革を断行すると表明した。

大統領主導のトップダウン型のアプローチにより、2 年足らずで課題を

すべてクリアし、金大中政権末までには電子政府の基盤が整った。1980年代からすでに行政電子網が確立されており、バックオフィスがすでに電子化に対応できる状況にあったことも目標の早期達成に作用した。2000年以降はすべての中央官庁と地方公共団体に「民願21）処理オンライン公開システム」を導入し、インターネット上で行政サービス申請や処理状況が確認できる仕組みが整備された[3]。

　こうして、韓国はすでに20年も前から、大統領の強いリーダーシップのもと、デジタル化を推進してきたのである。暗澹たる経済危機に見舞われた時代の中で、またたく間にブロードバンドが設置され、大学や研究機関ではパソコンによるインターネット利用が普及した。すぐに、三浦の研究室にもパソコンが設置され、何でも相談にのってくれる技術者が常駐しており、そのスピーディなデジタル化を、身をもって体験した外国人の一人である。

　さて、日本の教育機関におけるデジタル化や人材育成はどうなっているのだろうか。野口悠紀雄氏による象徴的なエッセイがある[4]。日本で農業人口シェアは0.9％でしかない。しかし、東大では農学部学生が全学の7〜8％、教授数も7％になる。つまり、付加価値でみて国全体のわずか0.9％の産業の人材育成のために、大学全体の7〜8％の資源が費やされている。東大における農学部の比率は、異常といってよいほど高い。

　では、学部レベルでデジタル関係の勉強はどこでできるのか？欧米の大学にはごく普通にある「コンピュータサイエンス学科」が、東大工学部には存在しない。理学部の「情報科学科」がコンピュータサイエンスを教えている。しかし、ここの学生定員は、3年31名、4年39名で、計70名（令和3年度）でしかない。農学部の学生数257人（令和3年度）に

3　春木 育美「韓国の電子政府：歴史的制度論の視座からみる政策の背景と変遷」同
　　志社社会学研究　2021
4　野口 悠紀雄「東大が19世紀の大学では、日本でIT革命が起こるはずはない」
　　（https：//gendai.media/articles/-/92280?imp=0）

比べると、わずか27％だ。東大大学院レベルでは、「情報理工学系研究科」コンピュータ科学専攻がある。学生定員は、881名だ（うち、コンピュータ科学専攻は143名）。一見すると多いのだが、教授は33名で、農学部の半分にもならない。コンピュータ科学専攻の教授は、わずか5名だ。

　日本の工学部では、「具体的なモノを作ることこそ真の工学であり、情報とかソフトウェアというものはいかがわしい」という思想が根強く存在する。したがって、ハードにかかわるエンジニアリング、すなわち、機械工学、建築工学、応用化学などが中心になっている。コンピュータの発達に伴って、そのための基礎研究や人材育成の必要性がつとに指摘されている。しかし、東大工学部に関する限り、事態はこの数十年間で、あまり変わっていない。日本の大学も、かつてはその構成を現実社会の要請にあわせて変えた。まず、明治時代に工学部を作ったことがそうだ。ヨーロッパの伝統的な大学には工学部はなかった。アメリカでも、東部の伝統的な大学ではそうだった。そして、エンジニアの教育は、「技術高等学校」で行なわれていた。大学に工学部があるのは、遅れて産業化した日本の特殊事情である。また、高度成長期には、学部・学科の新設が相次ぎ、工学部関係の学科を増やした、それによって、学部・学科の構成比率を変えることができた。ところがいまは、経済全体が成長しないので、スクラップをしない限り、比率を変えることができない。

　即ち、日本の大学で新しい学部や学科を作れないのは、古い学部や学科の「スクラップ」ができないためだ。現存する学部は強い発言権を持っている。だから、外から相当の圧力が加わらないと、古い学部や学科のスクラップができない。東大工学部は20世紀になっているとは言えるが、21世紀とはとても言えない。

　世界では、コンピュータサイエンスの専攻科は、著しい勢いで成長している。アメリカの大学でかつて大きかった農学部が縮小したのは、日本の文部科学省に相当するところから固定的な運営費を得ることができないからだ。だから、社会の要請に応じて、学部や学科の構成を変えざるをえな

い。日本で必要とされるのは、大学ファンドを作って大学に資金援助することではない。全く逆に、大学に対する硬直的運営費を打ち切ることだ。21世紀の工学部の姿とは、こうしたものだ。

　三浦の元勤務校では、約20年前、計量経済学専攻でアメリカの大学に留学経験のある教授の強いリーダーシップの下、1年生全員にパソコン実習を必修とするカリキュラムを実施したことがある。その教授は、これからはパソコンが必携となるから、学生が基本操作だけでも学習することが重要であるとして、パソコン実習室を作り、『一太郎』、『花子』（ともにジャストシステムが販売するソフトウェアで、前者が日本語ワープロソフトウェア、後者が統合グラフィックソフトウェア）を導入したパソコンを設置した。しかし、数年後、パソコン実習など不要であるとする大多数の意見で、カリキュラムから削除された。そして、コロナ蔓延下で、LMS（Learning Management System）や学生ポータルシステムの導入等の対応に追われている。

　本書は大学のオンライン授業実施に必要な知識を集約した、教員向けのテキストである。オンライン授業の形式には、「録画視聴型」と「ライブ配信型」の2つの形式があるが、ここでは「録画視聴型」を採用している。そして、著者らの行った受講生200余名のオンライン授業の経験に即して、その手順を説明している。当授業は、三浦の担当する科目を、串山が技術的にバックアップする、という形で進めていて、その間の記録は、本学の「千葉経済論叢　第64号、第65号、第66号」に発表した。ただし、パソコンにほとんど触れずにきた教員もいるから、それらを考慮し、加筆修正して、学生指導編と授業運営編とに分けてある。

　なにはともあれ、コロナ禍にあって、このようなオンライン授業の実施、という未経験の貴重な機会を持つことができ、さらに、わが国のデジタル化に多少の貢献ができれば大変うれしく思う。

知っておくべき情報用語

　オンライン授業での連絡事項や質疑応答は、大半がチャットで行われる。したがって、教員と学生との円滑なコミュニケーションをとるには、共通認識としてある程度の専門用語の理解が必要である。以下では、用語、操作、入力に分けてその説明を示した。

	用語名	説明
用語系	ファイル	データそのもの
	拡張子	ファイルの形式（種類）が分かる 例）Word の場合：docx 　　　Excel の場合：xlsx
	フォルダ （ディレクトリ）	ファイルの入れ物
	半角	1 バイト文字（メールアドレスは全て半角） 日本語入力モードが ON になっている状態で文字を入力後、 F10 を押すと半角になる
	全角	2 バイト文字（漢字）
	カーソル	文字の入力位置を示す
	インデント	文字の開始位置（左インデント） 文末の文字の位置（右インデント）
	URL	Uniform Resource Locator インターネット上の住所
	ドメイン	メールアドレスのアットマーク（@）の後ろの部分
	コピペ	コピーアンドペーストの略で、データをコピーして貼り付ける（ペースト）こと

用語系	ブラウザ	インターネットを閲覧するソフトウェア Edge、Google Chrome、FireFox、Safari など
	OS	Operating System の略 Windows、macOS、iOS、Android　など
	CPU	中央処理装置（Central Processing Unit） コンピュータの脳みそにあたる部分 主な製品　intel、AMD
	ストレージ	データを記憶する領域 HDD（Hard Disk Drive） SSD（Solid State Drive） SSD は、HDD よりもデータを読み書きする速度が速いため、パソコンの起動や作業時の動作が速い
	メモリ	書類を広げる机のようなもので、メモリが大きければたくさんのアプリケーションが起動できる
操作系	ドラッグ	マウスの左側のボタンを押したまま移動
	ドラッグ ＆ドロップ	マウスの左側のボタンを押したまま移動し、目的の場所でボタンを離す
	コピー	コピーしたい文字を選択して Ctrl ＋ C
	ペースト （貼り付け）	貼り付けたいところをクリックして Ctrl ＋ V
入力系	Caps Lock	オンにすると、大文字入力になる
	Insert	文字の上書きモード（元の文字は消える）と挿入モード（カーソルの後ろに文字が挿入される）の切り替えができる

入力系	ファンクションキー	キートップにある $\boxed{F1}$、$\boxed{F2}$、…、$\boxed{F12}$ のキー
	テンキー (Ten key)	数字入力用のキーボード
	Num Lock	オンにすると、テンキーで数字が入力可能になる
	Delete	カーソルの後ろの文字が消される
	Back Space	カーソルの前の文字が消される

表中のプラス（＋）記号は、「押しながら」という意味（以下同様）

① Windows の便利なショートカットキー

ショートカットキーを使うと、マウスを使わずにキーボードの文字キーでパソコンの操作が簡単にできる。

次の表に記載されているショートカットキーを覚えておくと便利である。

Windows	ショートカットキー
Window を画面右半分に配置	Windows キー＋ $\boxed{\rightarrow}$
Window を画面左半分に配置	Windows キー＋ $\boxed{\leftarrow}$
Window を最大化	Windows キー＋ $\boxed{\uparrow}$
Window を縮小	Windows キー＋ $\boxed{\downarrow}$
エクスプローラーを開く	Windows キー＋ $\boxed{E}$
ディスクトップ表示	Windows キー＋ $\boxed{D}$
新規フォルダを作成	$\boxed{Ctrl}$ ＋ $\boxed{Shift}$ ＋ $\boxed{N}$
操作の取り消し	$\boxed{Ctrl}$ ＋ $\boxed{Z}$
取り消しをキャンセル	$\boxed{Ctrl}$ ＋ $\boxed{Y}$

コピー	Ctrl + C
貼り付け（ペースト）	Ctrl + V
切り取り	Ctrl + X
印刷	Ctrl + P
右クリック	Shift + F10　又は ≣ アプリケーションキー

Windows キー： ■ マークのキー

② **Excel、Word の便利なショートカットキー一覧**

Excel	ショートカットキー	Word	ショートカットキー
行の挿入	Ctrl + Shift + +(プラス)	文字の大きさ（小さく）	Ctrl + Shift + <
行の削除	Ctrl + −(マイナス)	文字の大きさ（大きく）	Ctrl + Shift + >
セル内での改行	Alt + Enter	改ページ	Ctrl + Enter
セルの書式設定	Ctrl + 1(イチ)	MS-IME のツールを起動	Ctrl + 変換
シートの挿入	Shift + F11	IME パッド	Ctrl + 変換 + P
右のセルへ移動	Tab		
合計（SUM）	Alt + Shift + =		
グラフ作成	Alt + F1		

知っておくべき情報用語

拡大縮小	Ctrl + スクロール	
直前の操作を繰り返す	Ctrl + Y	同左
太字	Ctrl + B	
斜体	Ctrl + I	
下線	Ctrl + U	

③　文字の変換ショートカットキー

	ショートカットキー
全角カタカナ	F7
半角カタカナ	F8
全角英数字	F9
半角英数字	F10

Ⅰ．学生指導編

1．Word

Microsoft Word（以下、Word）とは Microsoft 社の開発した文書作成ソフトです。ページに文字を入力するだけでなく図形描画やグラフ作成などの機能も備えていてレポート・論文執筆等にも活用が可能です。ここでは、以下について説明します。

(1)　Word の基本

(2)　レポート、論文執筆に役立つ Word の機能

(3)　覚えておくと便利なショートカット

(1)　基本編

①　編集記号

・編集記号の表示

　　［ホーム］タブの［段落］グループにある「編集記号の表示 / 非表示」をクリックすると、スペース（□）やタブ（→）などの編集記号が表示されるようになり、文書の編集がしやすくなります。

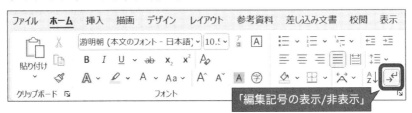

・ルーラー

　　ルーラーとは画面の左端や上部に表示されるメモリの付いた定規のようなものです。水平と垂直があります。

　　［表示］タブの［表示］グループにある「ルーラー」にチェックを入れると、カーソルのある行の段落の設定が表示されます。インデン

トの調整やタブを使った文字の整列が可能になります。「ナビゲーションウインドウ」にチェックを入れると、「文書内の検索ウインドウ」や「見出し」等が表示されます。

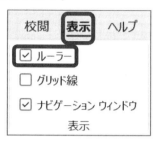

画面上部のリボンの下に「ルーラー」が表示されます。

画面左部に「ナビゲーションウインドウ」が表示されます。

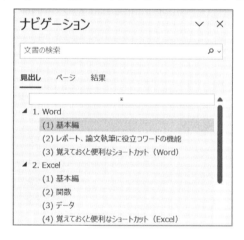

・インデント

　　インデントとは、段落先頭と末尾の位置を設定する機能です。インデントを設定することで、文字の開始位置（左インデント）や文末の文字の位置（右インデント）を調整することができます。最初の行を

一字字下げする場合は、字下げしたい行をクリックし、右クリック(マウスの右のボタンを押す) メニューから［段落］を選択して、次のように設定します。

　［ホーム］タブの［段落］グループの ⬋ をクリックしても、段落の設定画面が表示されます。

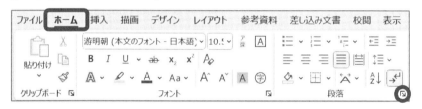

② 書式のコピー / 貼り付け / クリア

　設定した書式をコピーして、貼り付けたい場所にクリックすると、同じ書式が設定できます。

　［ホーム］タブの［クリップボード］グループにある「書式のコピー / 貼り付け」をクリックすると、カーソルが 🖌 に変わるので、貼り付けたい場所をクリックします。

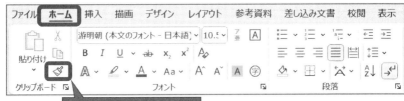

「書式のコピー/貼り付け」

＊設定したい書式にならない場合は、一度書式のクリアを試してみましょう。［ホーム］タブの［フォント］グループの「すべての書式をクリア」をクリックします。

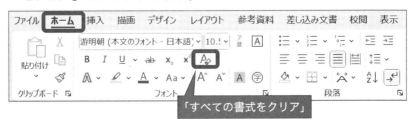

「すべての書式をクリア」

③　文字の変換（ショートカットキー）

日本語入力モードがONの状態で、文字を入力後、確定キー（Enterキー）を押す前に表中のファンクションキー（F6 F7 … F10）を押すと、表示例のように変換されます。

キー	変換	入力する文字列	表示例
F6	ひらがな	りんご	りんご
F7	全角カタカナ	りんご	リンゴ
F8	半角カタカナ	りんご	ﾘﾝｺﾞ
F9	全角英字	apple	ａｐｐｌｅ
F10	半角英字	apple	apple

④ 印刷 / ページレイアウト

　Word の標準設定では印刷（用紙）の向きは縦になっています。横向きに設定したい場合は、［レイアウト］タブの［ページ設定］グループにある「印刷の向き」をクリックし、「横」を選択します。

⑤ ヘッダー・フッター、ページ番号の挿入

　ヘッダー・フッターとは、文書の上・下の余白部分で、ファイルのすべてのページに表示されます。ヘッダーには、タイトルや日付、フッターにはページ番号等を入れることが多いです。

　　　［挿入］タブから［ヘッダー］［フッター］［ページ番号］を選びます。

　　　編集が終わったら、［ヘッダーとフッターを閉じる］をクリックします。

フッターにページ番号を挿入した例

⑥　図の挿入

　　　挿入した図を選択すると図の右側に「レイアウトオプション」ボタンが表示されます。クリックするとレイアウトオプションのメニューが表示され、文書中の図の配置を選択できます。

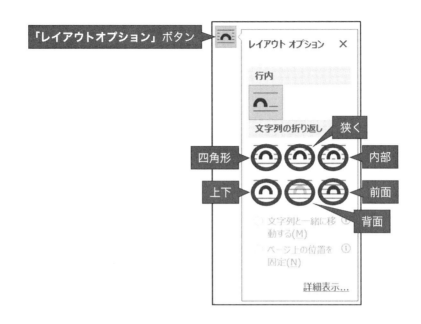

レイアウト オプション	表示例	備考
行内	あいうえおかきくけこさしすせそたちつてとなにぬねのはひふへほまみむめもやゆよらりるれそわをんアイウエオカキクケコサシスセソタチツテトナニヌネノハヒフヘホマミムメモヤユヨラリルレロワヲンabcdefghijklmnopqrstuvwxyzABCDEFGHIJKLMNOPQRSTUVWXYZ	
四角形	あいうえおかきくけこさしすせそたちつてとなにぬねのはひふへほまみむめもやゆよらりるれそわをんアイウエオカキクケコサシスセソタチツテトナニヌネノハヒフヘホマミムメモヤユヨラリルレロワヲンabcdefghijklmnopqrstuvwxyzABCDEFGHIJKLMNOPQRSTUVWXYZ	
狭く 内部	あいうえおかきくけこさしすせそたちつてとなにぬねのはひふへほまみむめもやゆよらりるれそわをんアイウエオカキクケコサシスセソタチツテトナニヌネノハヒフヘホマミムメモヤユヨラリルレロワヲンabcdefghijklmnopqrstuvwxyzABCDEFGHIJKLMNOPQRSTUVWXYZ	画像の形状に凹みがある場合、凹みの部分まで文字が入ってくるのが「内部」。

上下	あいうえおかきくけこさしすせそたちつてとなにぬねのはひふへほまみむめもやゆよらり れろわをんアイウエオカキクケコサシスセソタチツテトナニヌネノハヒフヘホマミムメ モヤユヨラリルレロワヲン１２３４５６７８９０①②③④⑤⑥⑦⑧⑨⑩ abcdefghijklmnopqrstuvwxyzABCDEFGHIJKLMNOPQRSTUVWXYZａｂｃｄｅｆｇｈｉ ｊｋｌｍｎｏｐｑｒｓｔｕｖｗｘｙｚＡＢＣＤＥＦＧＨＩＪＫＬＭＮＯＰＱＲＳＴＵＶＷ ＸＹＺ	
背面	あいうえおかきくけこさしすせそたちつてとなにぬねのはひふへほまみむめもやゆよらり れろわをんアイウエオカキクケコサシスセソタチツテトナニヌネノハヒフヘホマミムメ モヤユヨラリルレロワヲン１２３４５６７８９０①②③④⑤⑥⑦⑧⑨⑩ ａｂｃｄｅｆｇｈｉｊｋｌｍｎｏｐｑｒｓｔｕｖｗｘｙｚＡＢＣＤＥＦＧＨＩＪＫＬＭＮＯＰＱＲＳＴＵＶＷ ＸＹＺ	「背面」に設定すると図形が選択しにくくなる。
前面	さしすせそたちつてとなにぬねのはひふへほまみむめもやゆよらり オカキクケコサシスセソタチツテトナニヌネノハヒフヘホマミムメ ワンアイウ１２３４５６７８９０①②③④⑤⑥⑦⑧⑨⑩ wxyzABCDEFGHIJKLMNOPQRSTUVWXYZａｂｃｄｅｆｇｈｉ ｊｋｌｍｎｏｐｑｒｓｔｕｖｗｘｙｚＡＢＣＤＥＦＧＨＩＪＫＬＭＮＯＰＱＲＳＴＵＶＷ ＸＹＺ	図形が前面に配置されて文字が隠れてしまう。

⑦　保存の仕方（Word ファイル、PDF ファイルで保存）

・Word ファイルで保存する

　　　［ファイル］タブをクリックし、「名前を付けて保存」を選択します。

・PDF ファイルで保存する

　PDF 形式で保存する場合は、［フォルダ］タブから「エクスポート」を選択し、「PDF/XPS の作成」をクリックします。PDF とは、Adobe 社が開発したファイル形式「Portable Document Format」（ポータブル・ドキュメント・フォーマット）を略したもので、文字・図形・表などを紙に印刷するようにレイアウト（配置）したページの状態を保存するためのファイル形式の名前です。PDF 形式で保存すると、レイアウトが崩れるのを防ぐことができます。また、PDF 化しておけば受けとる側の環境（Word など同じソフトウェアがインストールされているか）に関わらず正しくファイルを開くことができます。

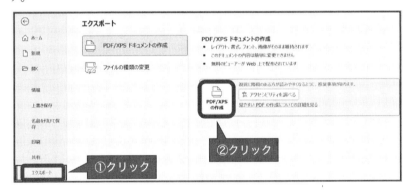

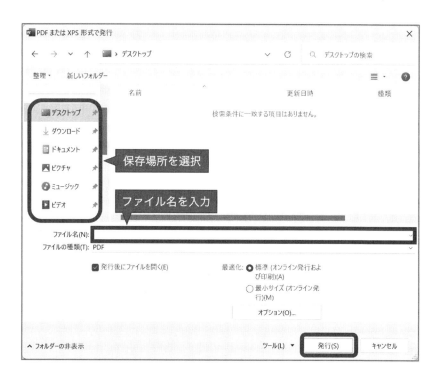

⑵　レポート、論文執筆に役立つワードの機能

　授業課題のレポートや論文執筆では縦書き／横書きや1行あたりの文字数、1ページの行数などの書式が指定されます。また、論文は文字数が多く、図表番号、ページ番号などを効率的に管理することが必要です。ここでは、ページの設定や参考文献の管理など、レポートや論文執筆に役立つWordの機能を説明します。

【書式設定の例】

文字列の方向	用紙サイズ	印刷の向き	ページ設定
縦書き	A4 用紙	縦 片面印刷	・30 字 ×25 行、2 段組み ・フォント：明朝体 10.5 ポイント ・余白：右 35 ミリ、上・下・左 30 ミリ

①　印刷のサイズを設定する

　　Word の標準設定では印刷のサイズは A4 に指定されています。A3 サイズなどに用紙の大きさを変更したい場合は、［レイアウト］タブの「サイズ」をクリックして用紙のサイズを指定します。

②　印刷（用紙）の向きを設定する

　　［レイアウト］タブの「印刷の向き」をクリックして「縦 / 横」を選択します。

③　文字の方向を設定する

　　［レイアウト］タブの「文字列の方向」クリックして、「縦書き / 横書き」等を選択します。

④　余白の大きさを指定する

　　［レイアウト］タブの「余白」をクリックすると、余白の大きさを「標準・狭い・やや狭い・広い」から選ぶことができます。「ユーザー設定の余白」をクリックして、上下・左右の余白を 1mm 単位で設定することもできます。

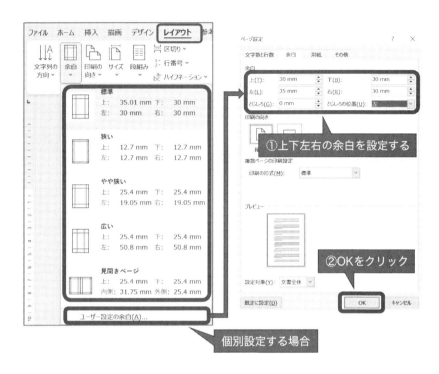

⑤　フォントを指定する

　［ホーム］タブの「フォント」右下のボタンをクリックして、「フォント」ダイアログを開きます。日本語用のフォント、英数字用のフォント、サイズ等を指定し、「OK」をクリックします。

　フォントによって、文字数や行数が指定通りに設定されないことがあるので、MS明朝など一般的なフォントを選択するようにしましょう。

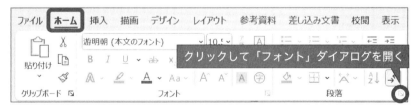

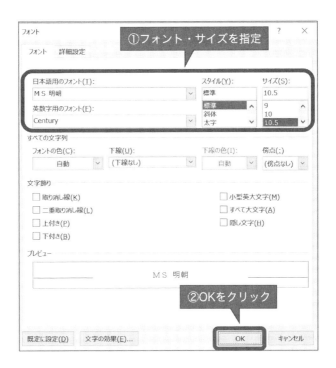

⑥ 段組み（例：段組み2段）

　［レイアウト］タブの「段組み」をクリックして「2段」を選びます。「段組みの詳細設定」をクリックすると、段数や「境界線を引く」などの設定もできます。

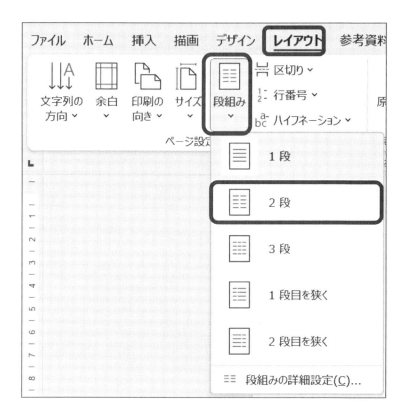

⑦　文字数と行数の設定（例：40字×35行）

　　［レイアウト］タブの「ページ設定」右下のボタンをクリックして、「ページ設定」ダイアログを開きます。文字数を 40、行数を 35 に指定し、「OK」をクリックします。

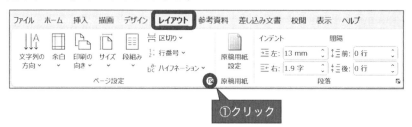

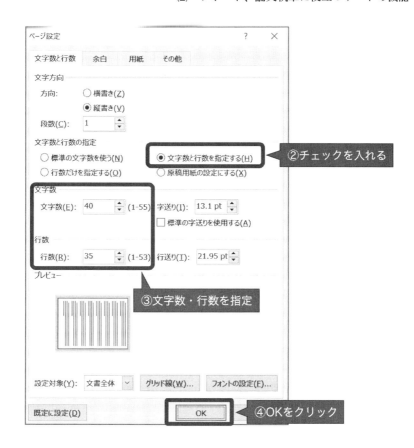

⑧　文末脚注の挿入

　　文書中の脚注を入れる位置でクリックして、［参考資料］タブから
「脚注の挿入」をクリックします。（例：「PDF」に脚注を入れる）

　　本文中に脚注番号が表示され、文末に脚注の入力欄が表示されます。

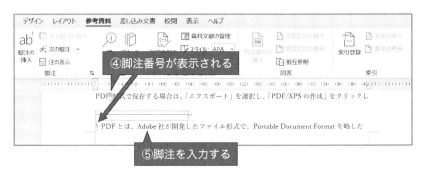

⑨　図表番号

・図表番号の挿入

　　図表番号を挿入する**図（写真）をクリック**して選択します。次に、
　　［参考資料］タブから「図表番号の挿入」をクリックします。

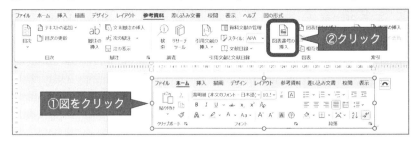

「図表番号」ダイアログが表示されます。**図表番号、位置等を選択して「OK」をクリックします。**

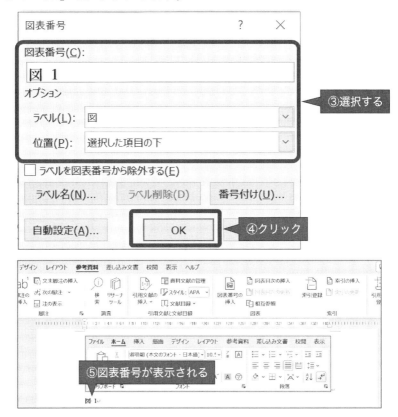

図表番号の隣をクリックすると、図の名前を追加できます。

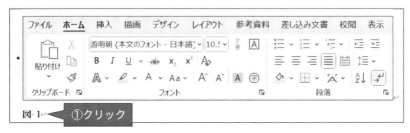

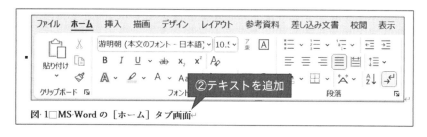

図 1□MS Word の ［ホーム］ タブ画面

・図表目次の挿入

　　図表目次を入れる位置でクリックします。次に ［参考資料］ タブか
ら「図表目次の挿入」をクリックします。「図表目次」ダイアログボッ
クスで目次の書式等を設定し、「OK」をクリックします。

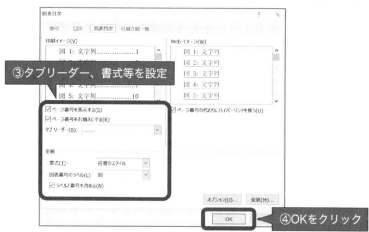

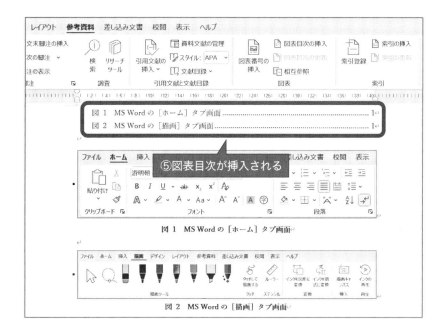

⑤図表目次が挿入される

図 1 MS Word の［ホーム］タブ画面

図 2 MS Word の［描画］タブ画面

⑩ 引用文献の挿入

・文献情報を入力する

　レポートや論文を執筆する際、Word の機能を使うと参考文献を効率よく管理できます。

　文献番号を入れる位置でクリックします。次に、[参考資料] タブの「引用文献の挿入」をクリックして、「新しい資料文献の追加」を**クリック**します。

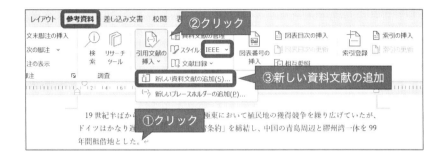

　「資料文献の作成」ダイアログボックスが開きます。**文献の種類を選択、文献情報を入力**して、「OK」**をクリック**します。

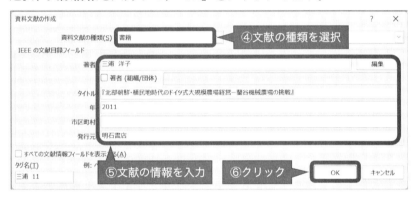

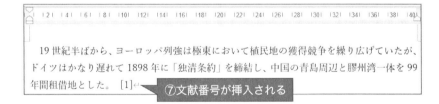

・文献目録を挿入する

　文献目録を入れる位置でクリックします。次に、[参考資料] タブの「文献目録」をクリックして、一覧から「引用文献」「参照文献」「文

「献目録」を選択します。

19世紀半ばから、ヨーロッパ列強は極東において植民地の獲得競争を繰り広げていたが、ドイツはかなり遅れて1898年に「独清条約」を締結し、中国の青島周辺と膠州湾一体を99年間租借地とした [1]。

③引用文献が表示される

引用文献

[1] 三浦　洋子, 『北部朝鮮・植民地時代のドイツ式大規模農場経営ー蘭谷機械農場の挑戦』, 明石書店, 2011.

⑪　文字カウント、コメントの挿入

[校閲] タブの「文章校正」から「文字カウント」をクリックします。

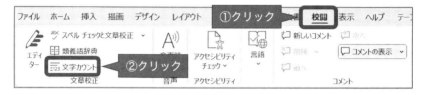

　文書の一部を選択して「文字カウント」をクリックすると、選択した部分のみをカウントすることもできます。

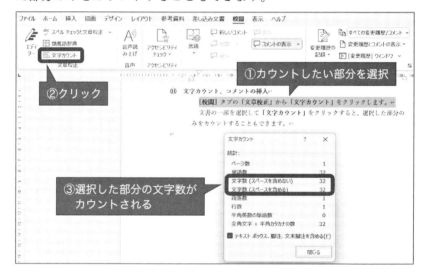

⑶　覚えておくと便利なショートカット（Word）

Word	ショートカットキー
文字の大きさ（小さく）	Ctrl + Shift + <
文字の大きさ（大きく）	Ctrl + Shift + >
改ページ	Ctrl + Enter
MS-IME のツールを起動	Ctrl + 変換
IME パッド	Ctrl + 変換 + P
拡大縮小	Ctrl + スクロール
直前の操作を繰り返す	Ctrl + Y
元に戻す	Ctrl + Z
太字	Ctrl + B
斜体	Ctrl + I
下線	Ctrl + U

2．Excel

　Microsoft Excel（以下、Excel）とは Microsoft 社の開発した表計算ソフトです。Excel は Word のようなワープロソフトとは違い、データを入れることで計算や分析、視覚化（グラフ作成）といった「データ活用」ができます。ここでは、以下について説明します。

⑴　エクセルの基本、基本用語
⑵　関数（四則計算、平均値を求める等）
⑶　データ（並べ替え、グラフの作成）

⑴　基本編
①　基本用語

用語	意味
セル（Cell）	マス目１つずつがセル。アクティブセル：選択しているセル
名前ボックス	アクティブセルの番地が表示される。
数式バー	入力したデータや数式が表示される。
シート（Sheet）	Excel 起動するとシートが表示される。
ブック（Book）	ファイル。複数のシートを１つのブックで管理できる。
フィルハンドル	セルの右下に現れる■のマーク
オートフィル	セルに入力されている式や値を参考に、自動的に連続した値をコピーする機能。

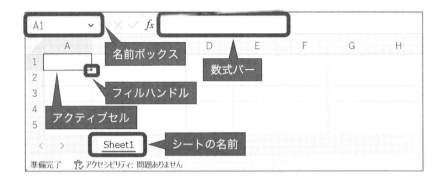

② 値の入力方法

　セルに値を入力する際、次のキー操作で効率よく値を入力すること
ができます。

　㋐　Tab を押すと、右にアクティブセルが移動する。

　㋑　Enter を押すと、下にアクティブセルが移動する。

　㋒　Shift + Tab を押すと、左にアクティブセルが移動する。

　㋓　Shift + Enter を押すと、上にアクティブセルが移動する。

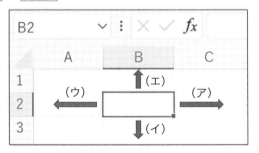

③ セルの書式設定

　書式設定をしたいセルを選択して**右クリック**するとメニューが表示
されます。「セルの書式設定」をクリックします。または、**書式設定
をするセルを選択**し、**Ctrl を押しながら 1 を押す**と「セルの書式
設定」ダイアログが表示されます。「表示形式」「配置」「フォント」「罫
線」「塗りつぶし」「保護」のタブから設定が可能です。

表示形式と表示例

表示形式	表示例	説明
標準	12345	特定の書式を指定しない
数値	12345	数値（小数点以下桁数・桁区切り・負の数値）の表示形式を設定できる。
通貨	¥12,345	通貨記号を表示する。
日付	2023/3/12	表示形式（2023年3月12日や3.12）や西暦／和暦を選ぶことができる。
時刻	20:36	12時間表記／24時間表記等を選ぶことができる。
パーセンテージ	75%	セルの値の百分率にパーセント記号を付けて表示する。
文字列	12345	数値も文字列として扱う。セルに入力した値がそのまま表示される。

文字の配置（設定値と表示例）

● 横位置

	A	B	C	D
1	横位置の設定値	表示例		備考
2	標準	標準		
3	左詰め（インデント0）	左詰め（インデント0）		
4	左詰め（インデント1）	左詰め（インデント1）		
5	左詰め（インデント2）	左詰め（インデント2）		
6	左詰め（インデント3）	左詰め（インデント3）		
7	中央揃え	中央揃え		
8	右詰め（インデント0）	右詰め（インデント0）		
9	右詰め（インデント1）	右詰め（インデント1）		
10	右詰め（インデント2）	右詰め（インデント2）		
11	右詰め（インデント3）	右詰め（インデント3）		
12	繰り返し	繰り返し繰り返し繰り返し繰り返し		
13	両端揃え	両端揃えを設定したセル内に文字を入力した表示例		
14	選択範囲内で中央	選択範囲内で中央		セルBとCを選択した例
15	均等割り付け（インデント0）	均 等 割 り 付 け（ イ ン デ ン ト 0 ）		
16	均等割り付け（インデント1）	均 等 割 り 付 け（ イ ン デ ン ト 1 ）		
17	均等割り付け（インデント2）	均 等 割 り 付 け（ イ ン デ ン ト 2 ）		
18	均等割り付け（インデント3）	均等割り付け（インデント3）		

● 縦位置

	A	B	C
1	縦位置	表示例	備考
2	上詰め	上詰め	
3	中央揃え	中央揃え	
4	下詰め	下詰め	
5	両端揃え	両端揃えを設定したセル内に文字を入力した表示例	セルの上端と下端に揃えて配置されます。
6	均等割り付け	均等割り付けを設定したセル内に文字を入力した表示例	セルの上端と下端に均等に配置される。

● 文字の制御

	A	B	C	D
1	文字の制御	設定例		備考
2	折り返して全体を表示する	折り返して全体を表示する		
3	縮小して全体を表示する	縮小して全体を表示する		
4	セルを結合する	セルを結合する		セルBとCを結合した例

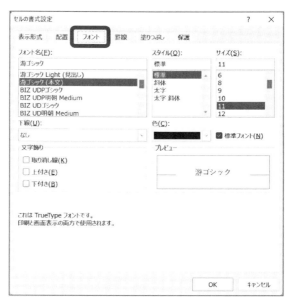

セル内の文字に、取り消し線や下線を表示することができます。

文字のフォント（設定値と表示例）

● **フォント名**

　　文字のフォントを設定することができます。

● **スタイル**

スタイル	表示例
標準	標準
斜体	*斜体*
太字	**太字**
太字 斜体	***太字 斜体***

● **サイズ**

文字のサイズを設定することができます。

● **下線**

下線	表示例
なし	なし
下線	下線
二重下線	二重下線
下線（会計）	下線（会計）
二重下線（会計）	二重下線（会計）

● **色**

文字の色を設定することができます。

● **文字飾り**

文字飾り	表示例
取り消し線	取り消し線
上付き	上付き
下付き	下付き

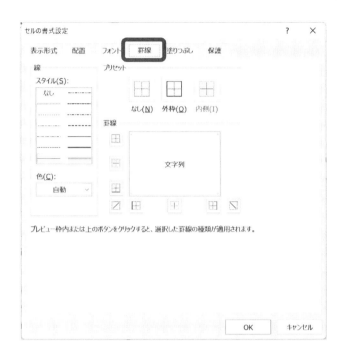

罫線

値	説明
スタイル	罫線の種類（実線、破線など）を選択可能
色	罫線の色を設定することが可能
プリセット	「なし」、「外枠」、「内側」を設定可能
罫線	罫線を引くことが可能 プレビュー枠内またはボタンをクリックすると、選択した罫線の種類が適用される。

④ 小数点の桁数

　　小数点以下の桁数を調整するセルを選択します。セル F2 ～ F5 ま
でをドラッグし、Ctrl を押しながらセル B6 ～ D6 までドラッグす
ると、次の図のように複数のセルが選択できます。小数点第一位まで
表示する場合は、一度表示桁数を減らすボタンをクリックし、表示桁
数を増やすボタンを押すと、小数第一位まで表示することができます。

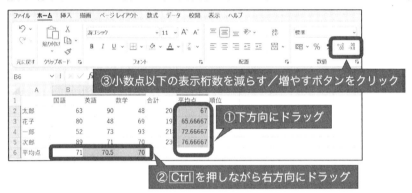

⑤ コピー＆ペースト（書式、計算式、文字列など）

　　セルをコピーして別のセルに貼り付ける時、**右クリック**をすると
「貼り付けのオプション」が表示されます。数値を貼り付けたり、計
算式を貼り付けたりすることができます。

⑥　印刷の設定

　　印刷したい範囲を選択して、［ページレイアウト］タブの「印刷範囲」
をクリックすると、印刷する範囲を指定できます。

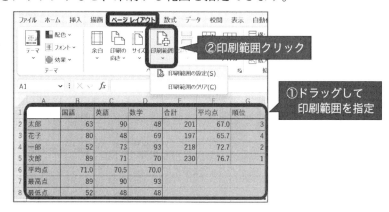

⑵　関数

　　関数を入力することで、四則計算や平均値、順位等を求め、表示する
ことができます。

①　四則計算

　　次の表を基に計算方法を説明します。

E2		✓ : ✕ ✓ *fx*		
	A	B	C	D	E
1		国語	英語	数学	合計
2	太郎	63	90	48	
3	花子	80	48	69	
4	一郎	52	73	93	
5	次郎	89	71	70	

・**合計の求め方（セル E2 に合計点を表示する）**

　　セル E2 をクリックして、［ホーム］タブの「編集」グループにある「Σ（オート SUM）」をクリックして、Enter を押します。

①合計点を表示したい
セル（E2）をクリック

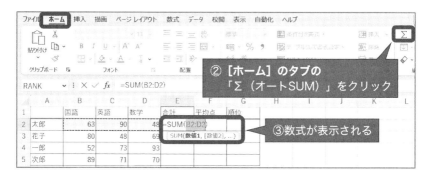

②［ホーム］のタブの
「Σ（オートSUM）」をクリック

③数式が表示される

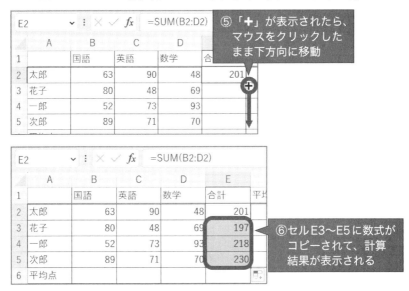

フィルハンドルにマウスを合わせて、ポインタが「＋」マークになったら、マウスをクリックしたまま下方向に移動（ドラッグ）すると、セルE3・E4・E5に数式がコピーされます（オートフィル）。

② 平均値の求め方（例：セル B6 に平均点を表示）

　　平均を求めるセル（B6）をクリックし、［ホーム］タブの「編集」グループにあるΣの隣の▽をクリックして「平均」を選択します。セルB6と数式バーに、B2からB5までの**平均値を求める関数（AVERAGE）が表示**されます。Enter を押すと、B6 に計算結果（B2 〜 B5 の平

均値）が表示されます。オートフィルでセル C6・D6・E6 に B6 の
数式をコピーします。

セル B6 ～ E6 に平均点が表示されます。

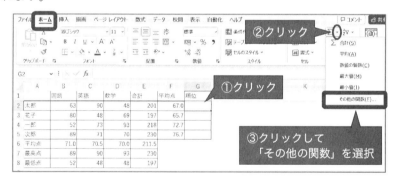

③　順位の求め方

　　順位を求める時は、RANK（ランク）関数を使います。ある数値デー
タが全体の何番目に大きいか、あるいは小さいかを表示する関数です。

　　順位を表示するセル（G2）をクリックします。次に、［ホーム］タ
ブの「編集」グループにあるΣの隣の▽をクリックして「その他の関
数」をクリックします。「関数の挿入」ダイアログボックスが表示さ
れます。

　「関数の検索」下の検索窓に何がしたいかを入力して「検索開始」
をクリックすると、下の「関数名」欄に候補が表示されます。

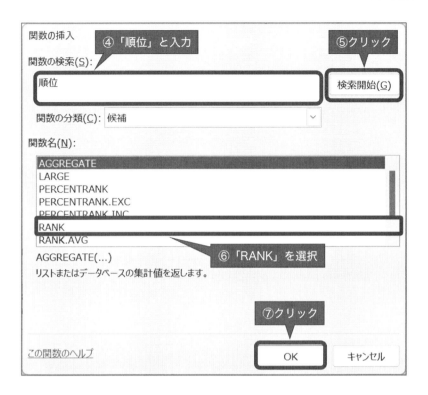

「関数の引数」**ダイアログボックスが表示**されます。

　「数値」**欄をクリックしてカーソルを表示し、順位を求めたい値の**
あるセル (E2) をクリックして入力します。「参照」**欄をクリックして、**
数値データ （E2 から E5) をドラッグして入力します。

＊セル E2 をクリックしてマウスのボタンを押したままセル E5 まで
　移動させます。「E2:E5」は「E2、E3、E4、E5」を示します。

　「OK」**をクリックすると、セル E2 から E5 の中での E2 の数値の**
順位が表示されます。

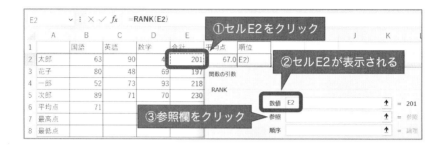

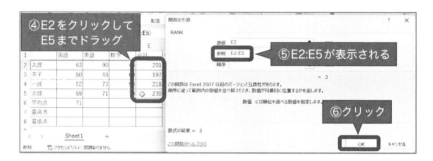

	A	B	C	D	E	F	G
1		国語	英語	数学	合計	平均点	順位
2	太郎	63	90	48	201	67.0	3
3	花子	80	48	69	197	65.7	
4	一郎	52	73	93	218	72.7	
5	次郎	89	71	70	230	76.7	

G2セルには `=RANK(E2,E2:E5)` が入力されている。

⑦セルG2に順位が表示される

④　相対参照と絶対参照

　　G3以下もオートフィルで数式のコピーをすることができますが、このままオートフィルでコピーをすると、参照する数値データが「E3:E6」、「E4:E7」の様にずれてしまい（「相対参照」）、正しく順位が求められません。そこで、参照の値を「絶対参照」に設定する方法を説明します。

オートフィルで数式をコピー

参照値がE3:E6になってしまう

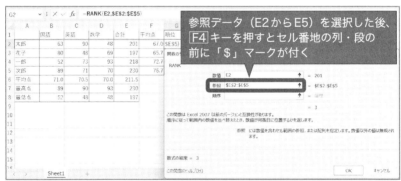

参照データ（E2からE5）を選択した後、
F4キーを押すとセル番地の列・段の
前に「$」マークが付く

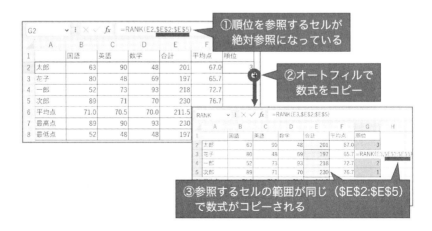

①順位を参照するセルが
絶対参照になっている

②オートフィルで
数式をコピー

③参照するセルの範囲が同じ（$E$2:$E$5）
で数式がコピーされる

⑤　最高点と最低点の求め方

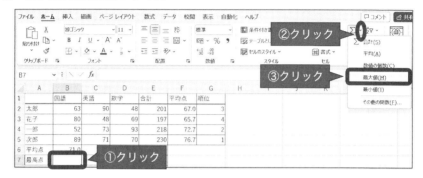

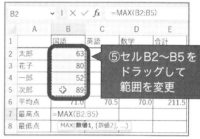

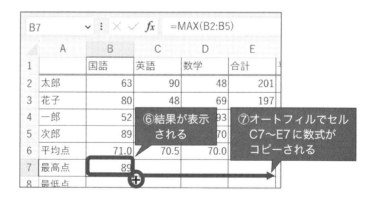

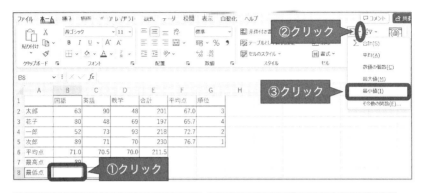

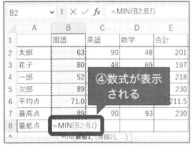

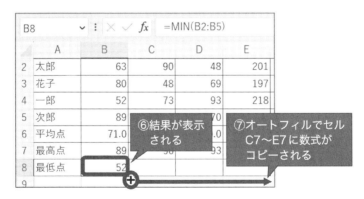

⑶　データ

① 並べ替え

次の表を例に、順位の高い順に並べ替えをする方法を説明します。

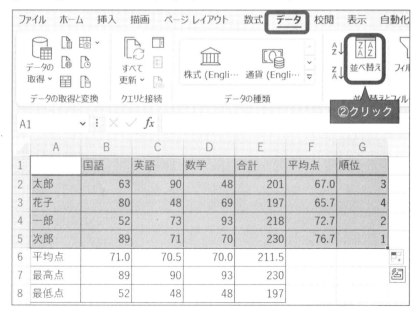

クリック＆ドラッグで並べ替えするセル（A1 ～ G5）を選択し、[データ] タブの「並べ替え」をクリックします。

「並べ替え」ダイアログボックスが表示されます。

「先頭行をデータの見出しとして使用する」の左の□にチェックが入っていることを確認します（この例の場合、1 行目の「国語・英語・数学・合計・平均点・順位」を見出しとします）。次に、並べ替えをする列等を設定します。例では、「順位の列」（G 列）の、「セルの値」を「小さい順」に並べ替えます。

設定ができたら、「OK」をクリックします。

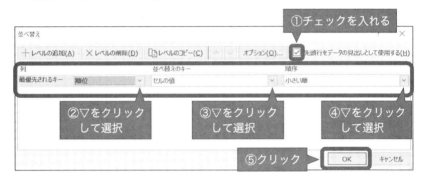

「順位」1 位から順番に並べ替えができました。

	A	B	C	D	E	F	G
1		国語	英語	数学	合計	平均点	順位
2	次郎	89	71	70	230	76.7	1
3	一郎	52	73	93	218	72.7	2
4	太郎	63	90	48	201	67.0	3
5	花子	80	48	69	197	65.7	4
6	平均点	71.0	70.5	70.0	211.5		
7	最高点	89	90	93	230		
8	最低点	52	48	48	197		

② グラフ作成

下記のデータを例に、グラフの作成方法を説明します。

	A	B	C	D	E	F	G	H	I	J	K	L	M	N
1		単位	1月	2月	3月	4月	5月	6月	7月	8月	9月	10月	11月	12月
2	最高気温	℃	10	10	14	19	23	26	30	31	27	22	17	12
3	最低気温	℃	2	2	5	10	15	19	23	24	20	15	9	4

　　クリック＆ドラッグでグラフ化したいデータを選択し、［挿入］タ
ブから**グラフを選択**します。「おすすめグラフ」をクリックして、選
ぶこともできます。

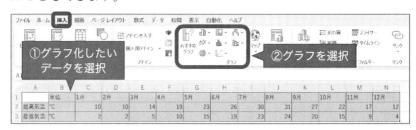

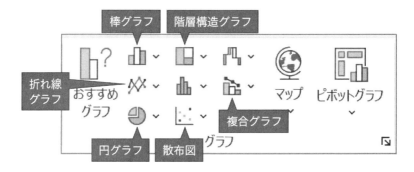

「おすすめグラフ」を選択した例

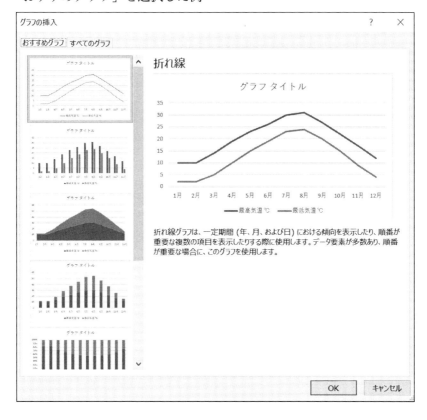

「折れ線グラフ」を選ぶと次のようなグラフが作成されます。「グラフタイトル」を**クリック**して、任意のタイトルに変更することができます。

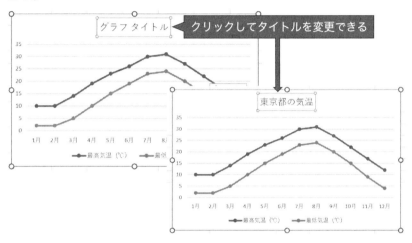

⑷　覚えておくと便利なショートカット（Excel）

Excel	ショートカットキー
行の挿入	Ctrl + Shift + + (プラス)
行の削除	Ctrl + − (マイナス)
セル内での改行	Alt + Enter
セルの書式設定	Ctrl + 1 (イチ)
シートの挿入	Shift + F11
右のセルへ移動	Tab
合計（SUM）	Alt + Shift + =
グラフ作成	Alt + F1

⑷　覚えておくと便利なショートカット（Excel）

拡大縮小	Ctrl ＋ スクロール
直前の操作を繰り返す	Ctrl ＋ Y
元に戻す	Ctrl ＋ Z
太字	Ctrl ＋ B
斜体	Ctrl ＋ I
下線	Ctrl ＋ U

3．PowerPoint

　Microsoft PowerPoint（以下、PowerPoint）とは、マイクロソフト株
式会社が開発、販売しているプレゼンテーションソフトウェアです。大学
の授業では、学生個人やグループでの研究の成果を発表する際、
PowerPoint を利用してプレゼンテーションを行うことがよくあります。
また、最近では、オンライン会議や研修などに使う資料をプレゼンテーショ
ンソフトで作成する機会が増えました。
　ここでは、スライドの基本的な作り方から、見やすい資料の作り方を説
明します。

⑴　スライドのサイズ

　PowerPoint のスライドは、横：縦のサイズが 16：9 のワイド画面と
4：3 の標準があります。初期設定ではワイド画面ですが、プロジェク
ターが対応していない場合があります。スライドのサイズを変更するに
は、[デザイン] タブの「スライドのサイズ」をクリックします。
　ワイド画面と標準の他、印刷する際には、A4 サイズなどに変更する
こともできます。

⑵　スライドの作成

　新しくスライドを作成する時は、[挿入] タブから [新しいスライド]
をクリックします。スライドのレイアウトのサンプルが表示されるので、
用途に合ったスライドをクリックして選択します。

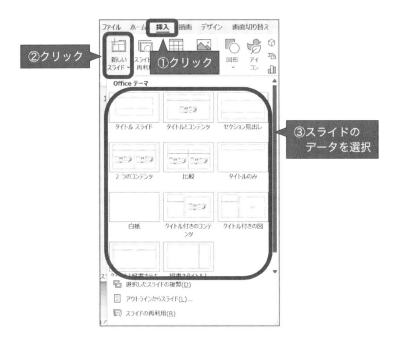

⑶　文字を入力する

　　テキストボックスをクリックして、文字を入力します。テキストボッ
　クスを選択し、サイズ変更ハンドルの「○」をクリック＆ドラッグする
　と、テキストボックスのサイズを変更することができます。次の図の
　テーマは、「タイトル付きのコンテンツ」を選択した場合の例です。

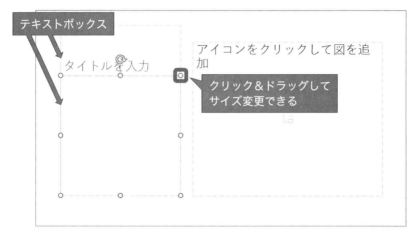

＊［挿入］タブの［図形］から、任意の位置にテキストボックスを追加
することもできます。

⑷ 図形、画像を挿入する

① ［挿入］タブの［画像］をクリックします。

② 挿入する画像を選び、［挿入］をクリックします。

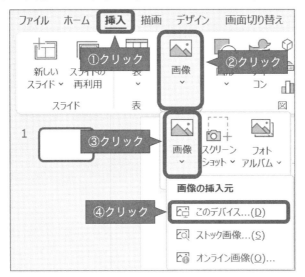

③　画像のサイズが大きい時は、画像を選択した際に表示される「サイズ変更ハンドル」「○」をクリック＆ドラッグします。

⑸　表やグラフの作成

①　表を作成する時は、［挿入］タブの「表」をクリックします。

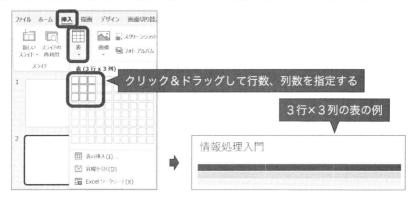

②　グラフを作成する時は、［挿入］タブの「グラフ」をクリックして、グラフの種類を選択します。

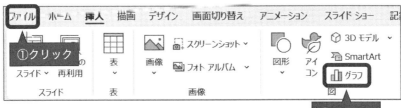

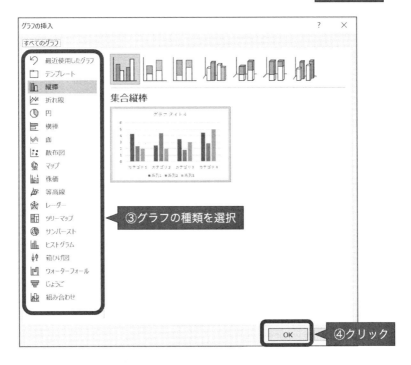

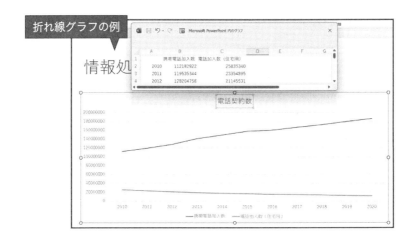

折れ線グラフの例

⑹　見やすいスライドの作り方

　PowerPoint のスライドに使う文字は、「見やすい」ことが重要です。明朝体やゴシック体、ポップ体などのさまざまなフォントがあります。見やすく、スライドの内容にあったフォントを選びましょう。

　教室で発表する場合、スマホで閲覧する場合など、閲覧する環境によって読みやすいフォントやサイズを考慮しましょう。

①　フォント

　見やすいスライドを作るには、フォントの種類や大きさに配慮しましょう。フォントの種類によって大きさが異なる場合もあります。また、プロジェクターやモニターで投影する場合と、配布資料として印刷する場合など、スライドの内容にあったフォント・サイズを選びましょう。

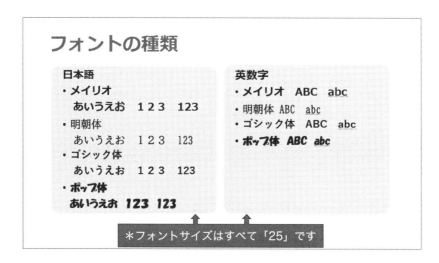

② 配色

　色を多く使いすぎるとポイントが分かりにくくなってしまいます。**文字に使うベースの色、見出しや図形などに使う色、特に強調したい所に使う色**と３色程度を決めておくと、統一感があり伝えたいポイントが分かりやすくなります。

③ スライド作成例

　例えば卒業研究の発表をする時の例として、以下のようなスライドを作成します。

・**タイトルスライド**

　研究テーマ、大学名・名前、発表日時や場所を記載します。

・**目次**

　スライドの見出しをまとめた目次スライドを作ると研究の内容や構成が伝わりやすいです。

・**目的と先行研究**

　研究テーマに取り組む理由や目的。論文の「はじめに」「先行研究」

で書く内容です。

・各論

研究内容を図や画像を使って分かりやすく説明しましょう。

・まとめ

結論や今後の課題など論文の「おわりに」の内容です。

・参考文献

文献やサイトなどをまとめておきましょう。Web サイトはリンク
を張ることもできます。リンクを張る文字列を選択して、右クリック
メニューから［リンク］を選択し、「ハイパーリンクの挿入」の「ア
ドレス」欄に Web サイトの URL をコピー＆ペーストします。

⑺　保存

①　［ファイル］タブをクリックして、「名前を付けて保存」**または**「上
書き保存」をクリックします。

新しくファイルを保存する時は「名前を付けて保存」、現在のファ
イル名のまま最新の状態で保存したい時は「上書き保存」を選びます。

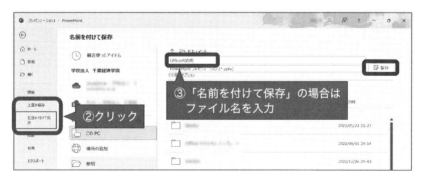

② PDF形式で保存する場合は、「ファイル」タブから「エクスポート」を選び、「PDF/XPSの作成」を**クリック**します。

＊PDFファイルに変換して保存すると、ファイルを受け取る人の環境に関わらず正しくファイルを開くことができます。

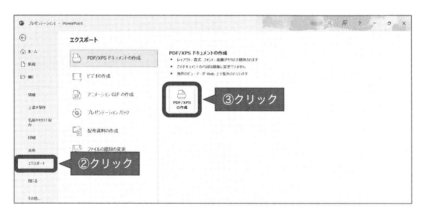

II. 授業運営編

4. 授業資料の準備

この項では、以下について説明します。

⑴　PDF に変換する方法

⑵　作成した PDF ファイルを結合する方法

⑶　PDF ファイルのファイルサイズの圧縮方法

⑷　PowerPoint に音声（ナレーション）を入力する方法

⑸　OneDrive に保存する方法

⑹　Teams のチームの作成と学生の登録方法

オンデマンド授業では、授業資料を学生に配布し、提示することが重要です。授業資料は Word、Excel、PowerPoint 等さまざまであるため、それらを PDF ファイルに変換して一括りにすることで、学生は表示するソフトウェアを切り替える必要がなく便利です。ここでは、複数の PDF ファイルを 1 つに結合する方法を説明します。

⑴　PDF ファイルへ変換して保存する方法
（Word、Excel、PowerPoint）

Word、Excel、PowerPoint で作成したファイルは、受け取る側に同じソフトウェアがインストールされていないと開くことができません。PDF ファイルに変換して保存することで、ファイルを受け取る人の環境に関わらず正しくファイルを開くことができます。

Word で作成したファイルを PDF ファイルに変換して保存する方法は、学生指導編の P.23 ～ 24、PowerPoint は、P.72 ～ 74 を参照してください。

⑵　**PDF ファイルの結合方法**

　Adobe の次のサイトにアクセスすると無料で PDF ファイルの結合が可能です。

https://www.adobe.com/jp/acrobat/online/merge-pdf.html?promoid
=CZY71Y4J&mv=other

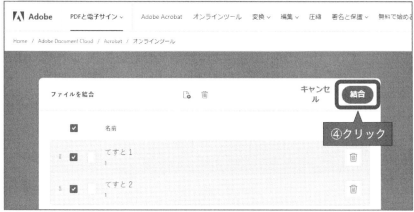

（参考）PDF 変換ソフトウェアの紹介

Adobe Arobat ：https://www.adobe.com/jp/acrobat.html
　　　　　　　　有料版のみ。サブスクリプションで提供。

CubePDF 　　　：https://www.cube-soft.jp/cubepdf/
　　　　　　　　無償版と有料版があります。

JUST PDF 　　　：https://www.justsystems.com/jp/products/justpdf/
　　　　　　　　有料版のみ。

⑶　PDF ファイルの圧縮[5] 方法について

　PDF ファイルに変換するとファイルサイズが大きくなる場合があります。その場合は、次の URL にアクセスしてファイルサイズを無料で圧縮することができます。

https://www.adobe.com/jp/acrobat/online/compress-pdf.html?promoid=C12Y2YQN&mv=other

5　ファイルの内容（意味）を変えずにファイルサイズを小さくすること。

　「ファイルを選択」をクリックすると、圧縮するファイルを選択する画面が表示されます。圧縮するファイルが保存されているフォルダをクリックして、圧縮したいファイルを選択します。

　ファイルサイズが大きい場合の弊害としては、メールに添付して送付することができない場合や、ファイルが開けない場合があります。メールに添付するファイルのサイズは、一般的には 2MB 以内にするのがマナーと言われています。理由は、メールの受信サイズを最大 3MB に設定しているケースが多いため、2MB 以内にしておけばほとんどの場合、メールを受信できます。また、大容量の添付ファイルを送付した場合、メール受信者は、ダウンロードに時間がかかったり、届かないといった問題も発生する可能性が高いため、添付ファイルのサイズはなるべく小さくして送付するのがマナーです。

⑷　PowerPoint への音声入力

　Word や Excel では、音声入力ができませんが、PowerPoint には、音楽やナレーションなどオーディオを追加できる機能があります。次からは、音声付き PowerPoint 資料の作り方を説明します。

　パソコンに外部マイク（ヘッドセットなど）が接続されていることを確認してください。持っていない場合は、内蔵マイクでも構いませんが、周囲の音を拾わないように注意してください。録音終了後、必ず再生して音量やタイミングなどの動作を確認してください。

　［スライドショー］タブ→「録画」から「現在のスライドから」もしくは「先頭から」を選択します。

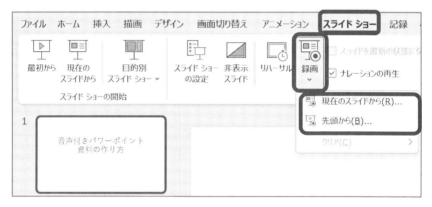

　スライドショーの画面になります。録画開始ボタンを押して、ナレーションを入れます。

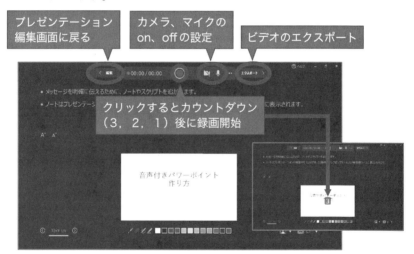

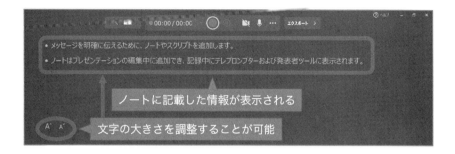

ビデオを撮り直ししたい場合は、次の方法で可能です。

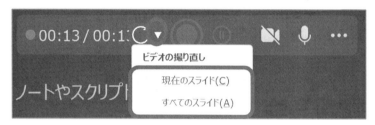

次の方法で、録画したデータをエクスポートで出力することが可能です。

「エクスポートのカスタマイズ」をクリックして、出力する動画の画質を調整することが可能です。

保存サイズを考慮して、「HD（720p[6]）」か「標準（480p[7]）」を選択します。

6　720p の解像度（画像を構成する点の密度のことで、高いほど鮮明になる）は、1280×720。水平方向に 1280 ピクセル、垂直方向に 720 ピクセルあることを意味している。解像度が２倍になると、データ容量は約４倍になる。

7　480p の解像度は、720×480。水平方向に 720 ピクセル、垂直方向に 480 ピクセルあることを意味している。

「記録されたタイミングとナレ　ションを使用する」が選択されていることを確認して「ビデオの作成」をクリックします。

「ファイルの種類」で、「MP4[8] 形式」か「WMV[9] 形式」を選択します。

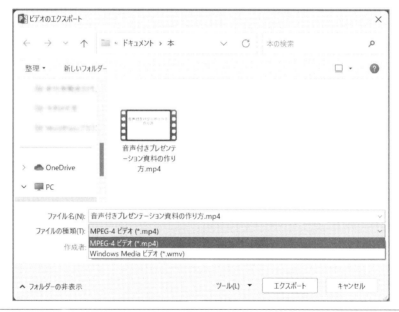

8　MPEG-4 形式の圧縮動画データを格納するファイル形式の1つ。
9　Windows Media Video　マイクロソフト社が開発したビデオコーディック。コーディックとは、動画を形成する動画データと音声データをそれぞれ圧縮・変換・復元する方法のこと。

⑸　授業資料の One Drive への保存方法

　作成したファイルの管理には、インターネット上にファイルを保管する「オンラインストレージ」が役立ちます。ここでは、One Drive について説明します。

　One Drive は、Microsoft 社が提供するクラウド上のオンラインストレージです。インターネット環境とパソコンやスマートフォン等のデバイスがあれば、どこでも保存したファイルにアクセスすることが可能です。また、保存したファイルを共有することもできます。

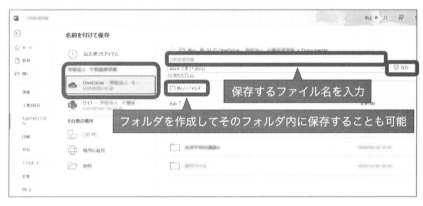

⑹　Teams のチームの作成および履修学生の登録方法

　Teams は、コラボレーションツールの１つです。授業での活用としては、学生や教職員とのチャット、チームを作成して、そのチームに対しての資料配布、会議機能を使ったオンライン授業等が可能です。ここでは、チームの作成、チームコードの作成について説明します。

（6-1）　チームの作成

　オンデマンド／オンライン授業で受講生に授業資料等を配布するためには、まず、最初にチームを作成する必要があります。Teams にログイン後、画面右上の「チームに参加 / チームを作成」をクリックします。

①クリック

［チームを作成］をクリックします。

②クリック

［クラス］をクリックします。

③クリック

　名前欄に授業名（例：「情報処理入門」）を入力して、［次へ］をクリックします。

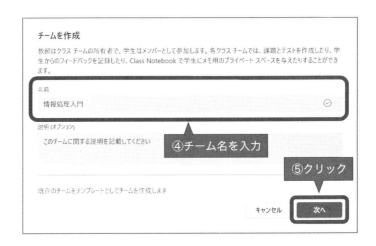

　[学生]タブが選択されている状態で追加する学生の「メールアドレス」を入力して［追加］ボタンをクリックします。［教職員］のタブをクリックすると、教職員を追加できます。［スキップ］をクリックして、学生や教職員を後で追加することもできます。

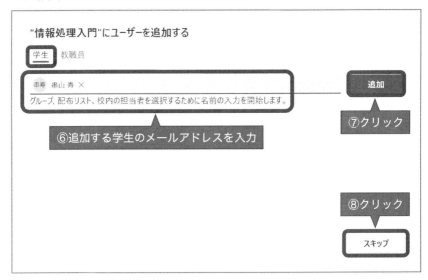

(6-2)　チームコードの作成

　チームコードは、チームに参加するためのパスワードです。チームコードを生成して受講する学生に周知すれば、学生がチームコードを入力することで、チームに参加することができます。受講者数が多い場合は、この方法が便利です。

　3点リーダー［…］をクリックして、［チームを管理］を選択します。

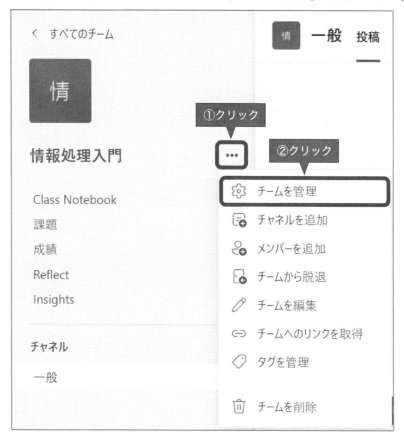

　［設定］タブをクリックして、「チームコード」を選択すると、［生成］ボタンが表示されます。［生成］ボタンをクリックすると、チームコー

ドが表示されます。［コピー］をクリックしてチームコードをメール等に貼り付け（ペースト）、学生にチームに参加するように伝えましょう。

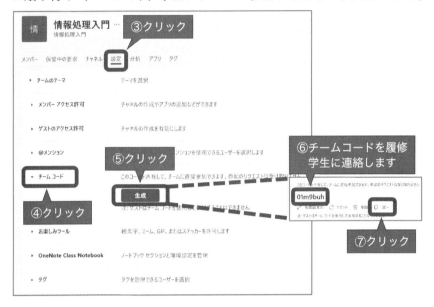

(6-3) 履修学生がチームに参加する方法

Teams にログインして、画面右上の［チームに参加 / チームを作成］をクリックします（1つもチームに参加していない場合は、以下の画面は表示されず、次の画面「チームに参加、またはチームを作成」が表示されます）。

教員から連絡があった「チームコード」を入力し、［チームに参加］をクリックします。

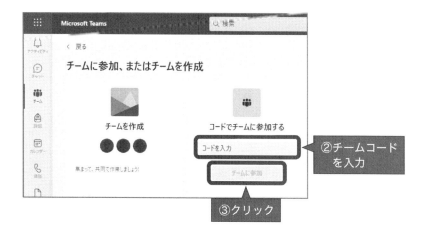

5．オンデマンド授業の準備および実施

⑴　Teams の通知設定について

　　学生から Teams を通じて連絡があった場合の通知設定について説明します。

　　画面右上の３点リーダー［…］をクリックし、「設定」を選択します。

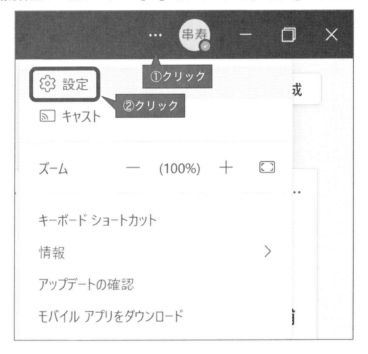

　　［通知］をクリックし、「メール」欄の「不在時のアクティビティに関するメール[10]」を確認してください。メールの頻度は、デフォルトは「１時間ごと」になっています。「即時」「10 分ごと」「１時間ごと」「８時間ごと」「１日１回」「オフ」の選択が可能です。

10　教員が Teams から離れている（オンライン以外）時に、学生から質問や連絡があった場合にメールで通知してくれる機能。

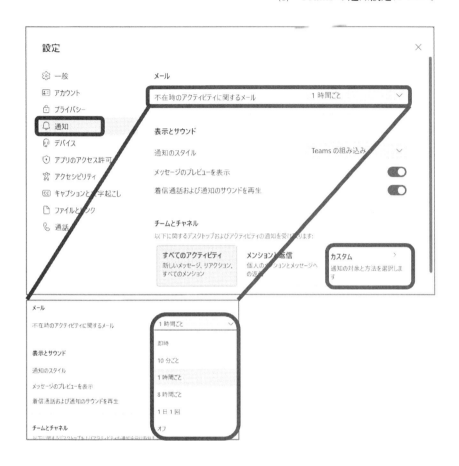

　「チームとチャネル」欄の「カスタム」を選択すると、細かい通知設定が可能です。各項目の「バナーとフィード」をクリックすると、デフォルト設定では、「バナーとフィード」の設定になっていますが、「フィードのみ表示」や「オフ」に設定可能です。

バナー　　　：デスクトップ画面の右下に表示されるポップアップ

フィード　　：Teams の左側メニューの一番上にある「アクティビティ」
　　　　　　　に表示されるチャットメッセージ

メンション：「＠（アットマーク）＋ユーザー名」で相手に送る通知

⑵　**Teams のメッセージ投稿について**

　　チーム全体のメッセージを作成する場合、チームをクリックし、[投稿] を選択します。

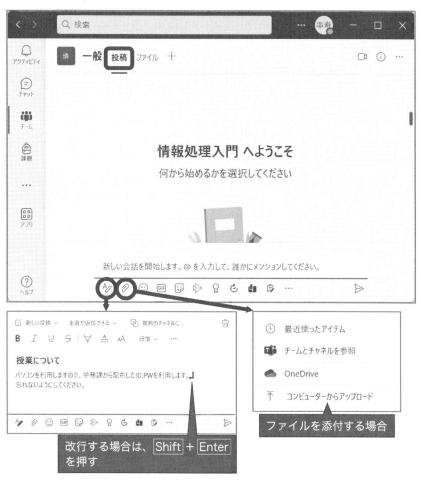

　　チャネルを見ているメンバー全員に重要なことを知らせたいときに、 「アナウンス」を使うとよいです。[書式]ボタン ☑ をクリックし、「新 しい投稿」を選択すると、「新しい投稿」と「アナウンス」が表示され ます。「アナウンス」を選択します。

　「アナウンス」を選択すると、次の画面が表示されます。「見出し」「サブヘッド」「アナウンス」を入力したら、［送信］ボタンをクリックします。

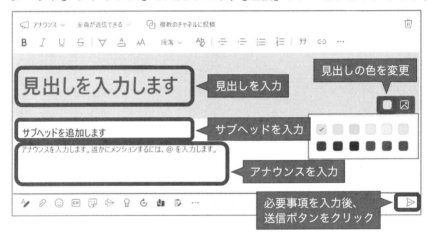

　同じ授業を２コマ以上担当していてチームを分けている場合、各チームに同じ内容のメッセージを投稿する時は、「複数のチャネルに投稿」を使用すると便利です。

　「複数のチャネルに投稿」をクリックすると、「チャネルを選択」ボタンが表示されます。「チャネルを選択」をクリックすると、「チャネルを選択」画面が表示されます。

投稿したいチャネルを選択します。

チャネルが追加されたのを確認します。

⑶　Teams および Power Automate[11] による授業資料の提示方法

　Teams に授業資料を手動でアップロードして、Power Automate を利用して授業開始日に定期的に授業資料をアップロードしたことを履修学生に通知する方法について説明します。Power Automate を利用することで、定期的に決まった文言のお知らせをアップロードする作業を軽減できます。

（3-1）　Teams を利用して授業資料のアップロードを行う方法

　［ファイル］をクリックして、「クラスの資料」にファイルをアップロードすると、学生には「読み取り専用」ファイルとして表示され、学生はファイルの内容を編集できません。

11　RPA（Robotic Process Automation）と呼ばれる自動化処理サービスの１つです。

(3) Teams および Power Automate による授業資料の提示方法

[アップロード] をクリックして [ファイル] を選択します。

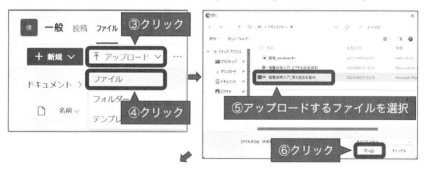

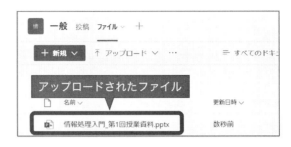

　アップロードしたファイルは、SharePoint に保存されます。
「SharePoint で開く」をクリックします。

　SharePoint の「クラスの資料」フォルダに保存されていることを確
認することができます。

⑶ Teams および Power Automate による授業資料の提示方法

　授業資料のアップロードが完了したら、Power Automate を利用して、Teams にメッセージを投稿します。ここでは、例として「毎週水曜日の午前9時に自動的にメッセージを投稿する」手順を示します。Power Automate は、定期的に同じ作業を繰り返し行う場合に向いています。
　3点リーダー［…］をクリックし、「Power Automate」を選択します。「Power Automate」が表示されていない場合は、「アプリの検索」欄から「Power Automate」と入力して検索します。

［＋新しいフロー］をクリックします。

［＋一から作成］をクリックします。

(3) Teams および Power Automate による授業資料の提示方法

「無題」欄にタイトルを入力し、「組み込み」をクリックし、［スケジュール］を選択します。

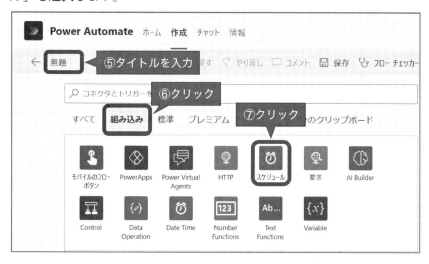

［繰り返し］をクリックします。

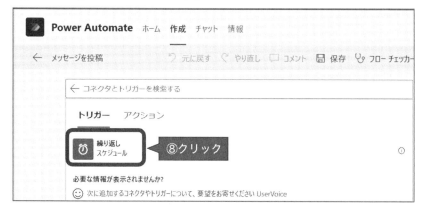

　「間隔」欄に「1」、頻度欄に「週」をセットし、「詳細オプションを表示する」をクリックします。

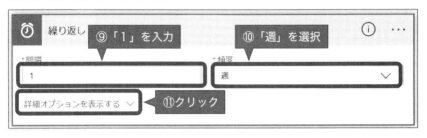

　毎週水曜日の9時にメッセージを投稿する例として、「タイムゾーン」、「設定曜日」、「設定時刻（時間)」を次のように設定し、［＋新しいステップ］をクリックします。

(3) Teams および Power Automate による授業資料の提示方法

検索欄に「Teams」と入力し、「Microsoft Teams」を選択します。

「チャットまたはチャネルでメッセージを投稿する」を選択します。

「投稿者」「投稿先」「Team」「Channel」は、実際に投稿する条件を設定します。次の図は、「情報処理入門」の「一般チャネル」に投稿す

る例です。「Message」欄には、投稿するメッセージを入力します。
「保存」ボタンをクリックします。

［ホーム］タブをクリックすると、保存したフローが表示されます。

⑷　Forms による出席設定方法

　テストや出席確認、アンケートは、Forms の「クイズ」を使って作成します。ここでは、Forms を利用して教員が履修学生の出席を確認する方法について説明します。

(4-1)　授業資料の中にパスワードをセットする

(4-2)　出席パスワードの入力フォームを作成する

(4-3)　Teams に作成したクイズを割り当てる

(4-4)　Teams の Insights で資料を閲覧したかどうかを把握する

(4-1)　出席確認のためのパスワードをセットする

　授業資料の中に出席のパスワードを入力（設定）します。次に Forms で出席パスワードを入力するクイズを設定します。学生は、Forms にアクセスし、授業資料に記載されているパスワードを入力することで出席になります。

　授業資料の中に「出席パスワード」を入力します。

(4-2)　出席パスワードの入力フォームを作成する

　次に Forms で出席パスワードを入力するクイズを設定します。学生は、Forms にアクセスし、授業資料に記載されているパスワードを入力することで出席になります。

　Forms を起動して、［＋新しいクイズ］をクリックします。

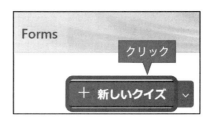

「無題のクイズ」の欄にタイトルを入力します。（例：第１回出席）

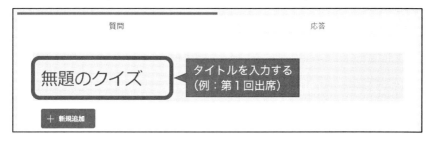

［＋新規追加］をクリックし、「テキスト」を選択します。

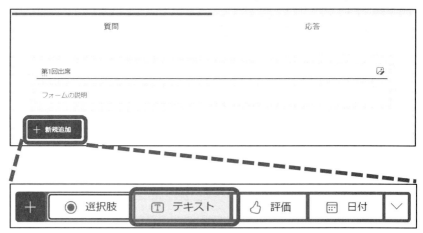

　「質問」欄に、学生に質問する事項を入力します。（例：出席パスワードを入力してください。）

「必須」ボタンをクリックして、ON にし、[＋回答の追加]をクリックします。

「正解を入力してください」欄に、出席パスワードを入力します。

　回答は複数入力することができますので、回答が半角や全角で入力できる場合は、両方設定しておくとよいです。

● サブタイトル

　「質問」の下にサブタイトル（補足説明）を追加できます。

● 制限

　「数値」「次の値より大きい」「次の値以上」「次の値未満」「次の値以下」の設定が可能です。

● 数値演算

　右図のツールを使って数式問題を設定できます。

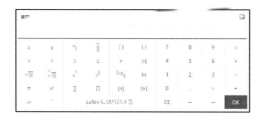

● 分岐を追加する

　　質問の回答によって、分岐設定することが可能です。例えば、出席パスワードが正解の場合は、次のページで小テストに進み、不正解の場合は、再入力するページに進むなど、回答によって次に表示するページを変える設定ができます。

(4-3)　Teams に作成したクイズを割り当てる(受講生側の画面にクイズ・フォームが表示され、回答できるように設定します)

　　「課題」を選択し、「作成」から「クイズ」を選択します。Forms で作成したクイズを選択し（例：「第 1 回出席」を選択)、「次へ」をクリックします。

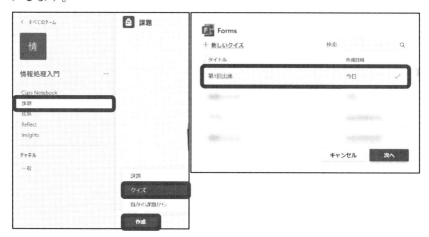

必要事項を入力し、期限日の「編集」をクリックします。

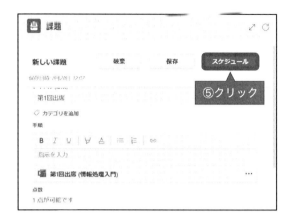

受講生の画面

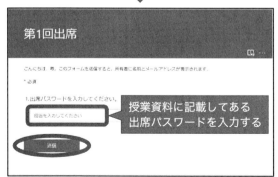

(4-4)　授業資料を閲覧せずに出席パスワードだけを友達から入手した場
合、Teams の Insights[12] を利用すると、授業資料を閲覧したかどうかの
把握ができ、出席の偽装を確認することができます（下図参照）。

⑸　**質問対策（チャット[13] の使い方と注意点）**

Teams のチャットを利用することで、学生は時間を気にせずに気軽
に質問等を教員に投稿することができます。教員は、学生からきたチャッ
トのメッセージに対して返信する必要がありますが、チャットの使い方
および注意事項について、以下に説明します。

(5-1)　チャット

学生個人と連絡を取りたい場合、チャットを利用します。「チャット」
を選択して、「新規作成」をクリックします。新規作成欄が表示される
ので、チャットする人の「名前」か「メールアドレス」を入力します。

---

12 Insights のデジタルアクティビティレポートは、特定の時間枠内での学生の Teams
での活動状況を確認できます。
13 インターネット上で利用者がリアルタイムにメッセージを送信するシステムのこと。

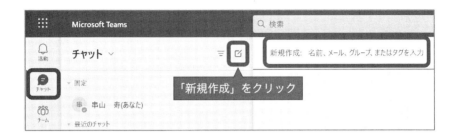

(5-2) チャットの注意点

● チャットへの返事について

　　返事をする時間帯を記載しておいた方がよいです。（例：平日の午前中までのチャットは、当日中に返信します。平日の午後に受け付けたチャットは、遅くとも翌日の午前中までに返信します。ただし土日のチャットについては、月曜日の返信になります。）

● 学生への注意事項

　　学生からの質問事項については、具体的に記載するように学生に指示することで、学生が求めている回答を的確に返信することができます。例えば「授業の資料が開けないので、どうすればよいですか？」という問い合わせの場合、次の情報を記載するように指示します。

◇　いつ開けなかったのか

◇　使用している環境

　　パソコン（Windows、mac など）、スマホ（iPhone、Android など）

　　ブラウザ（Edge、Chrome、Safari など）

　　エラーメッセージ等の情報

(5-3)　マナー（学生への指導）

● 　LINE 等とは異なるため（友人とのやり取りではないため）、常に敬語を使用する。

● 　個別チャットの場合は、誰から誰へ宛てたものなのか把握できるため、宛名、署名は不要です。

● 　返信を急いでいる場合は、いつまでに返信してもらいたいかを記載するとよい。

６．課題の提示および結果の確認方法

⑴　Teams による課題の提示

　まず、Forms を利用して、課題を作成します。Forms は、アンケートやテスト（クイズ）などを作成することができます。作成したフォームは、QR コードや URL を使って学生に回答を依頼することができます。結果は、回答者にリアルタイムに表示することが可能であり、また、学生の回答が自動的に集計され、グラフ化される機能があるため、フォームの作成者（所有者＝教員）は、視覚的に結果を確認することができます。また、結果を Excel にエクスポートすることもできるので、Excel を利用して分析や評価を行えます。授業での活用としては、出席取得、オンデマンドテスト、アンケート等で利用できます。

(1-1)　クイズとフォーム

　「クイズ」と「フォーム」は基本的な操作方法は同じですが、「クイズ」を選択した場合、次の機能が追加されます。

　得点入力：問題ごとに得点を設定することができる。

　正解入力：問題ごとに正解を設定することができる。

　得点計算：得点を自動計算し、回答者に結果をフィードバックすることができる。

　「出席取得」や「オンデマンドテスト」で利用する場合は、得点計算を行うことができる「新しいクイズ」を選択します。アンケートなど回答を収集するのみで得点の計算が不要な場合は、「新しいフォーム」を利用します。

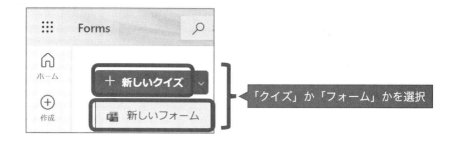

以下、「クイズ」を選択した場合の画面です。

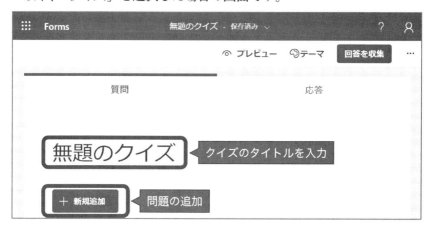

(1-2)　単一選択式問題

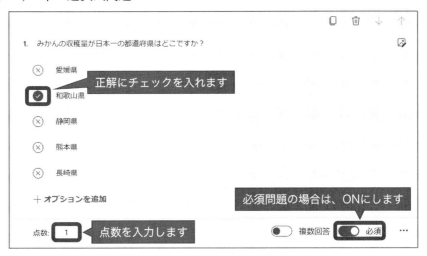

(1-3)　複数選択式問題

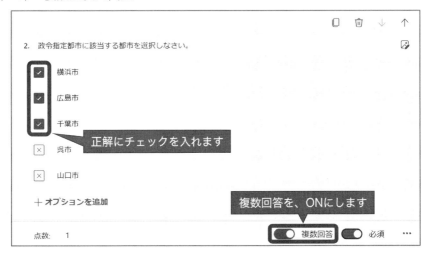

(1-4)　ランキング形式問題

(1-5)　日付回答式問題

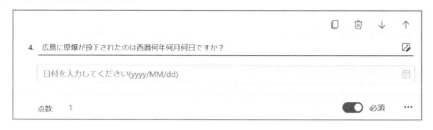

自動採点機能は使えません。

(1-6) 短文記述式問題

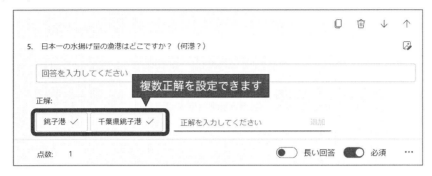

複数正解を設定することが可能です。

(1-7) 長文記述式問題

この場合は、自動採点機能は使えません。

(1-8) 設定

結果の自動表示設定、フォームに入力できるユーザーの設定、回答期間、回答後の自動応答等の設定方法を説明します。

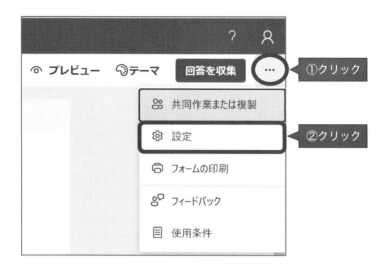

設定

クイズのオプション

結果を自動的に表示

ONにすると、回答者が
回答後結果を確認できます

回答者がクイズを送信した直後に結果と正解が表示されます。

このフォームに入力できるユーザー

○ すべてのユーザーが回答可能

◉ 自分の所属組織内のユーザーのみが回答可能

☑ 名前を記録

☑ 1 人につき 1 つの回答

○ 自分の所属組織内の特定のユーザーが回答可能

回答のオプション

☑ 回答を受け付ける

☐ 開始日

☐ 終了日

☐ 質問をシャッフル

☐ 進行状況バーの表示 ⓘ

☐ お礼のメッセージをカスタマイズ

応答の受信確認

☐ 送信後に応答の受信を許可する

☐ 各回答の通知をメールで受け取る

☐ SMART 通知メールを取得して、応答の状態を追跡する

⑵　Forms を利用したテスト

(2-1)　テストの作成

①　穴埋め問題

　　次のような穴埋め問題を Forms で作成する場合、問題文を毎回入力する必要があります。

Forms の表示例)

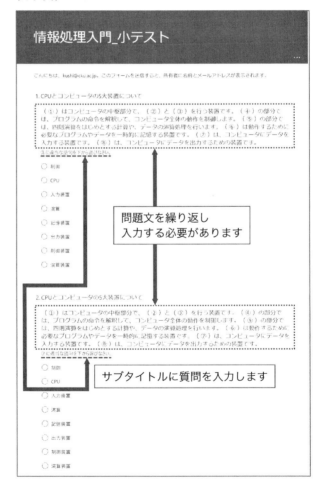

② 画像付き問題を作成する場合

質問を入力する画面の右側にある 🖼 ボタンをクリックします。

　　画面右上に「メディアの挿入」画面が表示されます。「イメージの挿入」をクリックすると、「画像検索」画面が表示されるので、「アップロード」をクリックします。

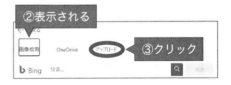

　　アップロードするファイルを選択する画面が表示されるので、該当のファイルが保存されているフォルダまで移動し、ファイルを選択して、「開く」をクリックします。

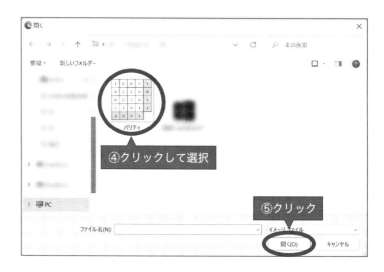

回答の正解をクリックして、点数を入力します。

Forms の表示例)

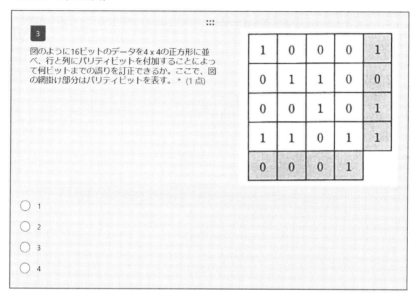

⑶ Teams へテストの割り当て

　「課題」から「作成」をクリックして「クイズ」を選択する。Forms
で作成したテストを選択して、「次へ」をクリックします。

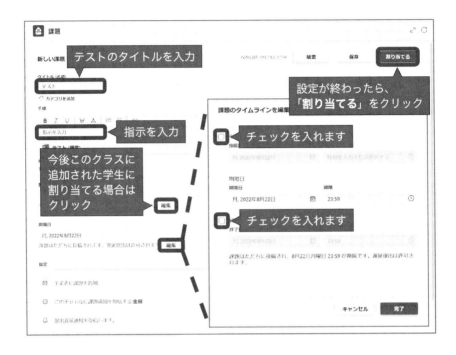

「割り当て」後の教員画面で受講生の閲覧状況や提出状況が確認できます。

⑷　受講生のテストの確認方法

　課題が Teams に割り当てられると、受講生の Teams に通知があります。

　受講生が割り当てられている課題を実行して回答を送信すると、以下の画面が表示されます。

受講生は「成績」をクリックすると、提出状況が確認できます。

７．オンラインテストの注意事項

　Teams を利用したオンラインテストを行う場合は、次の点に注意が必要です。

⑴ 「遅延提出を許可」について

　時間内に提出できなかった場合、問い合わせが多発する可能性が高いため、オンラインテストを行う場合、「遅延提出を許可」しておいた方がよいです。提出が遅れた学生については、理由を入力できるような自由記述欄を設けることもできます。

⑵ 必須項目について

　オンラインテストと合わせてアンケートを行う場合の注意としては、アンケートを行う旨を事前に学生にアナウンスした方がよいです。また、アンケートの回収率を上げるために、アンケートの項目を必須項目にしていた場合、アンケートを答えないと試験が提出できないということになるので、テストとアンケートは分けて実施した方がよいです。

参考文献

『脱マウス最速仕事術』　森新、ダイヤモンド社、2020 年 7 月

『スペースキーで見た目を整えるのはやめなさい』　四禮静子、技術評論社
2020 年 6 月

『よくわかる Word 基礎 2019』　FOM 出版

『よくわかる Excel 基礎 2019』　FOM 出版

『よくわかる PowerPoint 基礎 2019』　FOM 出版

「論文執筆のための Word 活用法」　横井隆志
『LEC 会計大学院紀要第 13 号』

千葉経済大学短期大学部　教育情報処理授業資料　串山寿

「Microsoft Forms を利用したオンラインテストの将来性について
　―その方法と有用性、課題について―」
串山寿、三浦洋子　『千葉経済論叢第 64 号』　2021 年 7 月

「Microsoft Teams、Forms を利用したオンデマンド授業の将来性について
　―その方法と課題について―」
串山寿、三浦洋子　『千葉経済論叢第 65 号』　2021 年 12 月

「大学におけるオンデマンド授業の改善点について」
串山寿、三浦洋子　『千葉経済論叢第 66 号』　2022 年 6 月

おわりに

　オンライン授業とは、パソコンやタブレット、スマートフォンなどのデジタル端末を使い、インターネットを介して行う授業であり、2020 年以降、新型コロナウイルスの感染拡大により、感染予防をしながら安全に学べる手段として、大学などの教育機関で広く取り入れられるようになった。

　オンライン授業の形式は、「録画視聴型」と「ライブ配信型」の２つがあるが、まず前提条件として、教員・学生それぞれのインターネット環境や利用するデバイスを確認しておくことが必須である。各自それぞれ用意したデバイスとインターネットを用いて教材や講義動画を配信するため、場所やデバイスなどの状態によっては、講義がうまく視聴できなかったり、配信の途切れや遅延といった現象が起こることもあるからだ。

　前者の「録画視聴型」は、あらかじめ収録された映像をインターネットで視聴する方法である。配信されている間は何度でも視聴することができ、質疑応答は、ライブ配信のようにリアルタイムではできないが、チャットでまとめて質問を送ることもできる。つまり、好きな時間に好きな場所で受けられる、巻き戻して、何回でも繰り返し視聴できるから、時間の有効活用という点では評価できる。しかし、一方的に映像を眺めるだけになるため、集中力が散漫になりやすいというデメリットもある。

　一方、「ライブ配信型」は、お互いの姿を Teams などのコラボレーションツールを利用してリアルタイムでつなぎながらやり取りをする授業であり、お互いの顔を見て、会話やチャットで質問ができ、コミュニケーションを取りながら進行できるため、教室で行われるリアルな授業に近いと考えられる。しかし、生配信のため参加する時間を出席者全員が合わせる必要があるし、通信トラブルで授業がスムーズに進まない、といった、お互いの使用しているツールや通信環境によるトラブルが発生する可能性もある。

　さらにオンラインでテストを行うと不正行為の確認が難しく、受験の仕

方を管理することができないため、全員が等しい条件でテストを受験でき
ていない可能性もある。

　本書は「録画視聴型」のオンライン授業について、授業準備として授業
に必要なソフトの解説、授業資料の作成、授業における出席調査、授業実
施方法、テスト、採点などを解説した。使用したソフト（Word、Excel、
PowerPoint、Teams、Forms、PowerAutomate）は、すべて Microsoft
社の製品であり、利用した Word、Excel、PowerPoint のバージョンは、
Microsoft 365 Apps for enterprise である。

　最後に、千葉経済大学総合図書館司書渡辺直子さんには資料の入手等で
大変お世話になった。

串山 寿

千葉経済大学短期大学部特任准教授、千葉経済大学・短期大学部情報企画戦略室室長代理

1996 年東京電機大学大学院理工学研究科システム工学専攻修士課程修了

1996 年 NEC ソフト株式会社入社。警察庁システム開発、北米指紋照合システム等に携わる

2004 年学校法人千葉経済学園入職。千葉経済大学附属高等学校・同短期大学部非常勤講師を経て現職

（学会発表）

電子情報通信学会 1994 年秋季大会 - ソサイエティ先行大会 -

1994 年 9 月　ニューロモデルの選択

https://iss.ndl.go.jp/books/R000000024-I002396470-00

（修士論文）

1996 年 3 月　ニューラルネットワークの最適化に関する研究

（千葉経済論叢）共著

2021 年 6 月　Microsoft Forms を利用したオンラインテストの将来性について　−その方法と有用性、課題について−　第 64 号

2021 年 12 月　Microsoft Teams 、Forms を利用したオンデマンド授業の将来性について　−その方法と課題について−　第 65 号

2022 年 6 月　大学におけるオンデマンド授業の改善点について　第 66 号

（その他）

2000 年 11 月　NEC ソフト社長賞 2 級受賞「指紋システム海外展開の効率化」

2003 年 10 月　感謝状　MINISTRY OF HOME AFFAIRS PERMANENT SECRETARY（ナミビア内務省事務次官 Niilo Taapopi）

三浦 洋子

千葉大学大学院博士課程修了　農学博士

千葉経済大学経済学部教授（2020 年退職）

同大学非常勤講師（2020 〜 22 年）

（主要著書）

『食料経済 2001』同文書院 1992 年

『食料システムの経済分析』税務経理協会 1997 年

『Excel で学ぶ食料システムの経済分析』農林統計協会 2003 年

『朝鮮半島の食料システム―南の飽食、北の飢餓』明石書店 2005 年

『北部朝鮮・植民地時代のドイツ式大規模農業経営―蘭谷機械農場の挑戦』明石書店 2011 年

『金丸信のめざした日朝国交正常化―金丸家所蔵文書より』山梨ふるさと文庫 2020 年

『儒教社会に挑んだ北朝鮮の女性たち―抑商主義と男尊女卑思想からの脱却』明石書店 2020 年

（翻訳書）

金成勲・金致泳『北朝鮮の農業』農林統計協会 2001 年

大学におけるオンデマンド授業の実践　授業準備から資料作成、成績評価まで

2024 年 1 月 8 日　　第 1 刷発行

著　　者―――串山寿
著　　者―――三浦洋子
発　　行―――日本橋出版
　　　　　　　〒 103-0023　東京都中央区日本橋本町 2-3-15
　　　　　　　https://nihonbashi-pub.co.jp/
　　　　　　　電話／ 03-6273-2638
発　　売―――星雲社（共同出版社・流通責任出版社）
　　　　　　　〒 112-0005　東京都文京区水道 1-3-30
　　　　　　　電話／ 03-3868-3275